6.- dr
W29 ⑥

Für Luise,
geb. Mai 2020

Jochen Menzel

Wendezeit

52 Kolumnen-Beiträge
zu einer nachhaltigen Entwicklung

© 2020 Hans-Joachim (Jochen) Menzel

Umschlaggestaltung: Sonja Menzel

Verlag & Druck: tredition GmbH, Halenreie 40-44, 22359 Hamburg

ISBN:
Paperback: 978-3-347-16020-0
Hardcover: 978-3-347-16021-7
e-Book: 978-3-347-16022-4

Das Werk, einschließlich seiner Teile, ist urheberrechtlich geschützt. Jede Verwertung ist ohne Zustimmung des Verlages und des Autors unzulässig. Dies gilt insbesondere für die elektronische oder sonstige Vervielfältigung, Übersetzung, Verbreitung und öffentliche Zugänglichmachung.

Bibliografische Information der Deutschen Nationalbibliothek:
Die Deutsche Nationalbibliothek verzeichnet diese Publikation in der Deutschen Nationalbibliografie; detaillierte bibliografische Daten sind im Internet über http://dnb.d-nb.de abrufbar.

Inhaltsverzeichnis

Vorwort

Klima(k)terium 9
Graue Energie – Stiefkind des Klimaschutzes? 12
Obst und Gemüse global 15
Der Wald brennt hell und leidet 18
Suffizienz - Genügsamkeit 21
„Die Papiere, bitte"… 24
Sonne, Wind und Bio – und alle machen mit? 27
Frust, Lust und Trotz 30
Oma allein im Haus 33
Der Rebound-Effekt 36
Alle Jahre wieder… 39
Was ist eigentlich öko-sozial? 42
Sand und Torf 45
Bauern zwischen Baum und Borke 48
Wie können wir es wagen? 51
Plastik – die Politik ist gefordert! 54
Deutschland kann doch das Weltklima nicht retten! 57
Die letzte Meile – für Pakete und Personen 60
Wie misst man die jährlichen
   CO_2-Emissionen eines Landes? 63

Entscheidungen – Lebensphasen und Nachhaltigkeit............ 66

Der ökologische Fußabdruck
– Symbolik oder Wissenschaft? 69

Zukunftsinvestitionen und die schwarze Null 72

Energie aus Biomasse – ein Hit mit Haken............................ 75

Resilienz – Widerstands- und Anpassungsfähigkeit.............. 78

Deutsche Importe und die Ausbeutung
von Mensch und Natur... 81

Freiwillig? Manchmal werde ich lieber gezwungen 84

Digital, nachhaltig und frei?... 87

Die Sache mit dem Ökostrom 90

Vom roten Punkt zur share economy..................................... 93

Corona-Krise in der Wendezeit 96

Geburtenrate und planetare Grenzen.................................... 101

Wir Obsoleszenz-Komplizen 104

Wasserstoff – ein Joker für die Energiewende 107

Es geht um die Wurst... 110

Mein Mobilitäts-Traum für Hamburg 113

Geld stinkt nicht!? 116

Ist Nachhaltigkeit messbar? 119

Sektorkopplung: Ökostrom verbindet................................... 122

Konsum ist auch keine Lösung... 125

„Ich bin dann mal weg" 128

Emissionshandel – Markt mit Ziel? 131

Fair übers Meer 134

Klimaneutralität ist käuflich 137

Wasser – real und virtuell 140

Geo-Engineering – genial oder GAU? 143

Was schützt der Artenschutz? 146

Hält unsere Gesellschaft noch zusammen? 149

Lärm 154

Wind- und Solaranlagen: Ein Leben nach dem Tod? 157

Nachhaltigkeit ins Grundgesetz 160

Kreislaufwirtschaft: Abfall ade? 163

Wendezeit-Pioniere 166

Stichwortverzeichnis

Vorwort

Informativ, aber nicht akademisch; unterhaltsam, aber seriös; persönlich, aber ohne erhobenen Zeigefinger – so habe ich die Wendezeit-Kolumne angelegt.

Ab September 2019 entstanden in einem Jahr 52 Einzelbeiträge unterschiedlicher Art - mal aktuell, mal zeitlos, mal allgemein, dann wieder detailreich, manchmal Ausdruck persönlicher Erfahrung, meist Ergebnis von Recherchen. Jeder Titel steht für sich. Den inneren Zusammenhang gibt der gemeinsame Bezug zur „Wendezeit". Gemeint ist damit das Ende einer Epoche, die am quantitativen Wachstum des Bruttoinlandsproduktes orientiert und von fossilen Ressourcen abhängig ist. Und der Anfang einer an Generationengerechtigkeit und planetaren Grenzen ausgerichteten, nachhaltigen Entwicklung. Der Wissenschaftliche Beirat der Bundesregierung Globale Umweltveränderungen nennt es: die Große Transformation.

Im Frühjahr 2020 brach die Corona-Pandemie über uns alle herein. Sie forderte auch neue Überlegungen zu einer „nachhaltigen Entwicklung". Die zweite Corona-Welle war noch Zukunft.

Die nachfolgende Zusammenstellung der Kolumnenbeiträge folgt der Reihenfolge ihrer Entstehung. Die Titel-Übersicht sowie das Stichwortverzeichnis mögen es erleichtern, aus den vielen Mosaiksteinen ein – allerdings niemals vollständiges - Gesamtbild einer nachhaltigen Entwicklung zusammen zu setzen.

Jochen Menzel   Dezember 2020

Klima(k)terium

Welch ein September für die Klimapolitik! Am 20.9.2019 demonstrieren in Deutschland 1,4 Mio. Menschen für Klimaschutz. Das Klimakabinett beschließt „Eckpunkte für das Klimaschutzprogramm 2030". Drei Tage später hält Greta Thunberg ihre Wutrede „Wie könnt ihr es wagen" beim Klima-Sondergipfel der UNO. Am 25.9. legt der Weltklimarat IPCC seinen Bericht über Eisschmelze und Ozeane vor.

Mutter Erde erlebt ein menschengemachtes „Klimakterium" im ursprünglichen griechischen Wortsinn: eine kritische, gefahrvolle Zeit. Niemand weiß, ob und wie eine Weltbevölkerung von bald 9 Mrd. Menschen bei einer Erderwärmung von 3-5° überlebt. Und ob diese noch verhindert werden kann.

Foto: NiclasPntk auf Pixabay

Die Erkenntnisse der Wissenschaft sind düster und drohend, aber (noch) nicht hoffnungslos. Inzwischen setzt sich die Methode des CO_2-„Restbudgets" durch: Um eine Obergrenze von 1,75 °C Erderwärmung einzuhalten, darf Deutschland ab 2020 nur noch ein Restbudget von 6,6 Mrd. Tonnen CO_2 emittieren. Machen wir weiter wie bisher, sind diese bereits 2028 verbraucht. So der Sachverständigenrat für Umweltfragen. Blasen wir mit anderen Industriestaaten dann weiter CO_2 in die Luft, wird es noch in diesem Jahrhundert lebensfeindlich heiß auf dem Planeten. Länger – z.B. bis 2050 – würde das Restbudget reichen, wenn die CO_2-Emissionen früh und radikal bis auf 0 reduziert würden. Soweit die Forschung.

Und die Politik – in Deutschland und anderswo? Muss sie nun jegliche Entscheidung dem Klimaziel unterordnen? Also: Strom nur noch aus Wind, Sonne und Biomasse, keine Diesel- und Benzin-Autos mehr, kein Flugverkehr mit Kerosin, keine Öl- und Gasheizungen, keine industrielle Land- und Viehwirtschaft mehr? Ja, so ist es, und zwar so bald wie möglich.

Was aber, wenn das Klimaziel dies alles fordert, *bevor* die CO_2-freien Alternativen tatsächlich zur Verfügung stehen? Wenn das „Mögliche" nicht ausreicht und das Notwendige nicht „möglich" erscheint? Immerhin erfordern Wärmepumpen, Wasserstoffantriebe und synthetische Kraftstoffe Unmengen mehr Strom aus erneuerbaren Energien. Eine Vervielfachung von Windrädern, Photovoltaik-, Biogas- und Speicher-Anlagen aber stellt den Naturschutz in Frage, verschandelt die Landschaft. 1000m-Abstand zu Wohngebäuden? Illusion. Von den sozialen Verwerfungen am Arbeitsmarkt ganz zu schweigen.

Das aber hält keine Demokratie aus – Ungerechtigkeit, Ungleichheit und Unzufriedenheit würden dramatisch wachsen. Es würde die Gesellschaft zerreißen.

Doch die Jugend ist aufgebracht, misstrauisch und wütend: Die Alten haben mit ihren kapitalistischen Wachstumsidealen die Klimakrise verursacht, werden weniger unter den Folgen leiden und definieren nun, was beim Klimaschutz „möglich" ist?! Erst sie, die Enkel, aber werden die Kluft zwischen „möglich" und „notwendig" zu erleiden haben, hier und global.

Das Klimakabinett macht es sich zu leicht. Die Zeit der schmerzfreien Kompromisse mit viel Geld ist vorbei. Dafür ist es heute zu spät. Es muss Zumutungen geben, liebgewordene Gewohnheiten – übrigens auch der Jungen – müssen aufgegeben werden. Und es braucht eine ehrliche Analyse des Wirtschaftsmodells, das den Planeten an den Rand der Unbewohnbarkeit gebracht hat. Seine Protagonisten und Politiker tragen die Verantwortung für die dramatischen Wechseljahre unserer Erde.

Nr. 2

Graue Energie: Stiefkind des Klimaschutzes?

Waschmaschinen, Autos, Heizungen: Was verbrauchen sie pro Waschgang, pro 100 km, pro Jahr? Möglichst wenig und möglichst öko – wegen des Klimaschutzes und weil wir es direkt bezahlen müssen.

Was uns kaum interessiert: Wie viel Energie braucht es, um die Waschmaschine in China, die Autoteile in Osteuropa oder die Baustoffe für das Wohnhaus hier herzustellen und später zu entsorgen - die verborgene „graue Energie"? Dem Klima ist es schließlich egal, wo und wann das CO_2 in die Atmosphäre gelangt. Beim weltweiten Vergleich der CO_2-Bilanzen der Länder ist das jedoch ziemlich entscheidend – wenn man ehrlich rechnet.

Das Smartphone aus China braucht in 2 Lebensjahren in Deutschland fürs Aufladen vielleicht 1 kWh (= 0,5 kg CO_2), für die Herstellung - noch vor der ersten Whatsapp also - aber ca. 220 kWh. Das sind ca. 200 kg CO_2 nach den chinesischen Stromerzeugungsverhältnissen.

Allein der Riesen-Akku für den Tesla S erzeugt bei der Herstellung einige Tonnen CO_2 - je nach dem Anteil erneuerbarer Energie an der Stromproduktion. Von wegen 0-Emission!

Spannend ist die „graue Energie" in der Bauwirtschaft: Wer denkt als privater Häuslebauer oder als Großinvestor in Bürohochhäuser schon an die CO_2-Emissionen, die der ganze Stahlbeton verursacht. Bauherren richten sich nach der Energieeinsparverordnung (EnEV), und die begrenzt nur den Energieverbrauch nach Einzug. Übrigens immer restriktiver: Ab 2021 dürfen – aus Gründen des Klimaschutzes - nur noch

Niedrigstenergiehäuser gebaut werden, mit minimaler fossiler Heizenergie.

Das setzt jedoch nicht nur einen erhöhten Dämm- und Bauaufwand (3fach-Verglasung), sondern auch komplizierte Energietechnik (Wärmepumpen, Solaranlagen) voraus. Fazit: weniger Betriebsenergie, aber mehr Herstellungsenergie (graue Energie). Schon heute halten sich beide über die Lebensdauer des Neubaus gesehen vielfach die Waage. Aber der Gesetzgeber denkt nur an die Heizenergie.

Foto: Nikguy auf Pixabay

Besonders die übliche Stahlbeton-Bauweise nutzt gleich zwei Energie- und CO_2-intensive Vorgänge: die Stahl- und die Zementproduktion. Allein die Zementherstellung ist weltweit für ca. 5-8% der globalen CO_2-Emissionen verantwortlich, viel mehr als der Flugverkehr insgesamt. Trotz aller Bemühungen, alternative Brennstoffe für die nötige Energie zu nutzen, verursacht eine Tonne Zement in deutscher Produktion immer noch 0,57 t CO_2.

Und die Moral von der Geschicht'? Der Gesetzgeber muss beim Bauen den gesamten Energieaufwand vom Ressourcenabbau bis zur Entsorgung im Blick haben, und nicht nur die Betriebsenergie. Projektentwickler sollten Bestandsgebäude nicht vorschnell abreißen, sondern lieber sanieren. Die Industrie muss den Anteil erneuerbarer Energieträger am Strommix erhöhen und weniger CO_2-intensive Materialien entwickeln und einsetzen (Stichworte: Carbonbeton, grüner Zement).

Und wir Privatleute? Wir kennen die graue Energie unserer Konsumgüter nicht. Aber wir können vermuten: Alles, was von weit her transportiert wurde, was (wahrscheinlich) viele industrielle Verarbeitungsschritte durchlaufen hat und was technisch komplex ist, enthält im Zweifel auch viel graue Energie und ist damit eher klimaschädlich. Jedenfalls wünsche ich mir mehr Ehrlichkeit bei den Energieverbrauchsangaben.

Obst und Gemüse global

Oktober. Erntedank und Welternährungstag. Früher wurde gefeiert, was die Bauersfamilien durch den Winter brachte. Heute geht es um eine Agrarwende, um Klima- und Artenschutz, um Hunger und Food-Logistik weltweit.

Ernährungswissenschaftler empfehlen 5 Portionen Obst oder Gemüse am Tag – dafür weniger Fleisch und Wurst. Das Dumme ist: Wovon wir weniger essen sollen, davon produziert Deutschland mehr als genug; wovon wir mehr essen sollen, da reicht die Produktion bei weitem nicht zur Selbstversorgung: die Quote bei Gemüse liegt um die 40% - Ausnahme: Kartoffeln: 140% - und bei Obst nur um die 20%.

In Omas Keller und Speisekammer standen noch (stromlose) Batterien von Weckgläsern, Saftflaschen, Marmeladengläsern, Kartoffelstiegen, ein Sauerkrautfass, ein Rumtopf: Die Hausfrau kochte im Sommer ein, konservierte für den Winter. Heute wird lieber Frischware gekauft – egal, wann: innerhalb oder außerhalb der heimischen Saison; egal, woher: Äpfel aus Neuseeland, Trauben aus Chile, Bananen aus Ekuador, Apfelsinen aus Südafrika.

Dem Klima ist das nicht egal: Fast 13.000 t Gemüse und 10.600 t Obst kommen jährlich im Flugzeug zu uns, die allermeisten Importe allerdings mit dem Schiff aus Übersee und mit LKW und Bahn aus Europa. Die sehr unterschiedlichen Klimawirkungen sind bekannt.

Aber auch die am weitesten gereiste Frucht stößt übrigens insgesamt – für Produktion und Transport – nur einen Bruchteil der Klimagase aus, die ein Steak vom Rind nebenan erzeugt. Da sind sich Ernährungs- und Klimawissenschaftler einig.

Was sind heute die Alternativen zum Einkochen bzw. zum Verzicht?

Etwa Frühkartoffeln aus Ägypten im Januar? Hier ist das Hauptproblem der immense Wasserbedarf der Pflanzen in einem Wüstenland. Und deutsche Kartoffeln gibt es schließlich das ganze Jahr, die Frühen im Juni.

Und im Februar Tomaten aus einem beleuchteten und gewärmten Glashaus im Umland? Je nach Treibhaus- und Energieart fallen hier 5- bis 30-mal mehr Klimagase an als bei der Freiland- und Tunnelproduktion.

Aber im März knackige Äpfel und Birnen aus dem CA-Lager? CA ist die Aufbewahrung beim (hiesigen) Obstbauern unter Sauerstoffentzug, hoher Luftfeuchtigkeit und geringer Temperatur. Äpfel vom September schmecken auch im nächsten Juli noch gut. Der Vorteil im Vergleich zur CO_2-Bilanz von frischen Überseeäpfeln schmilzt allerdings bis ca. April auf null.

Und wie wäre es mit Tiefkühlkost und selbst eingefrorener Saisonware? Das kostet zwar laufend Energie. Aber auch nicht mehr als die Konservierung in Gläsern oder Dosen. Bei der CO_2-Gesamtbilanz kommt es eher auf die Herstellung der Produkte selbst und die Lagerung im Haushalt an, sagt das Öko-Institut.

Meine Meinung: Es ist schwierig, sich nachhaltig zu ernähren. Immerhin ist seit 2008 bei Frischware das Ursprungsland anzugeben. Nicht aber die Erntezeit, ob Schiff oder Flug, ob frisch oder gelagert, ob Feld oder Glashaus. Und dann gibt es ja nicht nur den Klimaschutz: auch den Geschmack, die Schadstoffbelastung, die Arbeitsbedingungen der Produzenten vor Ort, entwicklungspolitische Aspekte bei Importware... Mein Kurz-Schluss: möglichst heimische Frischware, sonst gerne mit Bio- und Transfair-Siegel. Ein Verzicht auf Exotisches spart wiederum Geld und gibt Pluspunkte in der eigenen Klimaschutzbilanz. Das wäre mein Erntedank.

Nr. 4

Der Wald brennt hell und leidet...

Sorry, Matthias Claudius! Der Wald als solcher, selbst der deutsche, hat seine Romantik verloren. Er brennt vor allem – jedenfalls in den Medien: 2018 in Kalifornien, auch in Brandenburg. 2019 im Norden von Kanada bis Sibirien. Und in Brasilien und Indonesien absichtlich: Platz für Soja, Rinder, Palmöl – auch für den Export zu uns. Der deutsche Wald leidet am Klima, an Hitze, Dürre und Borkenkäfern.

Das ist bekannt: Bäume kühlen, halten Wasser und Boden und sind Lebensraum für Tiere und Pflanzen - und sie schützen als CO_2-Speicher das Klima. Brandrodung, Windwurf und Holzverarbeitung vernichten nicht nur die CO_2-Aufnahmefähigkeit für die Zukunft, sondern setzen auch das bisher gespeicherte CO_2 wieder frei. Bäume atmen CO_2 ein, aber mit dem Ableben auch wieder aus. Deswegen sollten sie lange leben.

Von den menschengemachten 300 Mrd. Tonnen CO_2 in der Atmosphäre könnten 200 Mrd. durch neue Wälder aufgenommen werden. Durch zusätzliche Waldflächen von 900 Mio. ha, etwa die Fläche der USA. Das sagt eine neue Studie der technischen Hochschule Zürich. Platz dafür gebe es - städtische und Agrarflächen ausgenommen - besonders in Russland, Kanada und Brasilien – gerade die Länder, in denen zuletzt besonders viel Wald verloren ging. Idee und Wirklichkeit. Weltweit verliert die Menschheit heute jährlich mehr als 25 Mio. ha Wald – die Fläche Großbritanniens, geschätzt 10 Milliarden Bäume.

Foto: skeeze auf Pixabay

Besonders erbost sind wir über den brasilianischen Präsidenten Bolsonaro. Für ihn ist das Amazonasgebiet eine nationale Ressource zur eigenen Landesentwicklung. Und nicht die Lunge, der CO_2-Speicher und der Artenschatz für die Welt, „unser" Weltnaturerbe eben.

Deutschland hat das längst hinter sich: Vor Jahrhunderten rodete die Bevölkerung den Waldbestand, bis im 19. Jahrhundert nur noch 1/10 des heutigen Waldbestandes übrig blieb. Auch für Landwirtschaft, Energie und Holzgewinnung wie heute in Brasilien. Inzwischen können wir es uns leisten, unseren Wald zu schützen. Stattdessen verbrennen wir noch immer Braunkohle und bauen jedes Jahr Millionen Verbrennungsmotoren. Das sind unsere Ressourcen zur Landesentwicklung. Mit den CO_2-Emissionen heizen auch wir das Klima für die ganze Welt auf. Pro Kopf und Jahr mit insgesamt 8,88 t (2016); Brasilien mit weniger als einem Viertel: 2,01 t. Vor 3 Jahren.

Zurück zum Wald: Wo Wälder und Bäume – aus welchen Gründen auch immer - nicht gerettet werden (können), muss Aufforstung her. Neben nationalen Aufforstungsprogrammen haben sich auch Nichtregierungsorganisationen dieser Aufgabe verschrieben. Sie verbinden weltweit Baumpflanzungen mit Verbesserungen für die lokale Bevölkerung. Die Jugend-Initiative „Plant for the planet" will weltweit bereits 13,6 Milliarden Bäume gepflanzt haben, Tree AID 17 Millionen. Die billigste, aber nicht die schlechteste Idee: Wechsel der Internet-Suchmaschine – statt Google: ecosia.org! Ecosia finanziert Aufforstungsprojekte lokaler Partner in vielen Ländern auf der Südhalbkugel – inzwischen ist der Zähler bei über 71,5 Mio. Bäumen. Aber das alles reicht nicht.

1713 „erfand" Oberberghauptmann von Carlowitz im Wald das Prinzip der Nachhaltigkeit: Nicht mehr Holz ernten, als nachwächst! Das gilt noch immer – im globalen Maßstab und auch im übertragenen Sinne. Der Traum bleibt: Der Wald steht schwarz und schweiget (1779). Oder grün oder bunt.

Nr. 5

Suffizienz – Genügsamkeit

Auch in Hamburg gibt es Arme, die auf Konsum oft verzichten müssen. Und es gibt die freiwilligen Konsumverweigerer – aus Erziehung oder Überzeugung. Die allergisch sind gegen glitzernde Einkaufszentren, Riesenauswahl, Kundenkarten und jegliche Werbung. Die fleischarm essen und nur kaufen, weil es zur Ersatzbeschaffung notwendig ist. Die keine Lust und Zeit haben, sich immer wieder auf neue Konsummoden einzulassen. Die ihre soziale Anerkennung in Sportvereinen, Musikgruppen oder Naturschutzinitiativen finden.

Und dann gibt es die anderen, die immer auf der Höhe der Zeit sind, auf allen Modewellen mit schwimmen, Erlebnis-Shopping genießen. Die oft und gerne online bestellen und bei Nichtgefallen alles zurückschicken. Die liken, bewerten, teilen und immer online sind. Die Shopping-Flüge, SUV und Cluburlaub in Thailand mit gesellschaftlichem Status verbinden und Anerkennung im Besitz suchen. Premium-Kunden, Poser, Schnäppchenjäger.

Und es gibt sehr viele dazwischen.

Es ist klar, wessen Lebensstil ökologisch nachhaltiger ist. Aber es ist auch klar, wer Wirtschaftswachstum, Steuereinnahmen, Arbeitsplätze sichert. Heute. Aber wie lange noch? Endloses Wachstum mit abnehmenden endlichen Ressourcen bei einer wachsenden – konsumorientierten – Weltbevölkerung kann nicht funktionieren. Wir leben hier und heute auf Kosten anderer Weltregionen und auf Kosten zukünftiger Generationen: Der Lebensstil der Deutschen bzw. ihr ökologischer Fußabdruck bräuchte 3 Planeten Erde, würde er auf alle Menschen verallgemeinert.

Der technische Fortschritt, die Effizienzsteigerung bei jeder neuen Generation von PKW, Flugzeugen oder Smartphones, spart Energie und Ressourcen pro Stück. Aber es gibt auch immer mehr Smartphones, PKW und Flugzeuge - größer, funktionsreicher. Der Verbrauch endlicher Ressourcen hat global bisher ebenso zugenommen wie die CO_2-Emissionen.

Ich unterstelle, dass den Konsum-Fans genauso viel an globaler Gerechtigkeit liegt wie den Konsum-Verweigerern. Alle wollen eine intakte Erde und Wohlstand für Kinder und Enkel.

Wenn Effizienzfortschritte bisher nicht verfingen, dann bleibt zweierlei: 1. alle Produkte in eine abfallfreie Kreislaufwirtschaft überführen („Konsistenz") – das kostet viel Zeit. Und 2.: Suffizienz = weniger konsumieren. Aber darauf – auf eine „Postwachstums-Gesellschaft" - ist unser Wirtschaftssystem nicht vorbereitet. Einzelne können nur zeigen, wohin es gehen müsste, können Anstöße geben. Politik hilft ihnen wenig. Sie reagiert eher kurzfristig auf Mehrheitsmeinungen, nicht auf langfristige Notwendigkeiten. Was also tun zur Vorbereitung eines zukunftsfähigen Konsumstils?

Meine Meinung: Die umweltbewussten Leitfiguren der Nation, die Stars, Serienhelden und Meinungsmacher müssten die gesellschaftliche Anerkennungsstruktur ändern. Sie müssten demonstrativ auf Neuheiten verzichten, auch mal die Freiheit ohne Smartphone herausstellen. Sie müssten es peinlich finden, ein SUV zu besitzen, aber cool, mit einem superleichten Rennrad herum zu cruisen. Sie müssten die Nase rümpfen über luftverpestende Kreuzfahrten und Fernflüge in abgeschottete Clubs - ebenso wie früher über Pelze oder Zigarettenqualm. Und die Konsumverweigerer sollten auch mal posen - mit Ball, Notenblatt oder Igel. Eigentlich richtig, aber Illusion?

Nr.6

„Die Papiere, bitte"...

So verlangt es der rote Papierkorb im Park. Bonbonpapier, Pappbecher, alte Zeitung. Die Stadtreinigung Hamburg entleert die Papierkörbe im Restmüll und verbrennt ihn. Schade! Im meinem Haushalt muss ich das Altpapier getrennt in der blauen Tonne sammeln - und es seit 2010 exklusiv der Stadtreinigung schenken.

Es ist aber eine kleine Erfolgsgeschichte.

Vorab: Papier herzustellen, ist energieintensiv und klimaschädlich. Eine Schulklasse (23 Kinder) bräuchte im Jahr Papier von 3,7 Eukalyptusbäumen oder 8 Fichten. Denn 1 kg Frischfaser-Papier benötigt ca. 2,2 kg Holz. Der deutsche Jahresverbrauch liegt bei 247 kg Papier pro Kopf (2017). Holz bzw. Zellstoff werden zu 80% importiert. Nicht immer haben diese Einfuhren das Siegel des FSC (Forest Stewardship Council) für nachhaltige Forstwirtschaft: In Brasilien z.B. werden auch Urwälder für Eukalyptus-Plantagen gerodet. Und in Deutschland erzeugt die Papierindustrie dann fast 10 Mio. t CO_2 (2016).

Und wo ist die Erfolgsgeschichte? Das Altpapier halbiert die Zahl der nötigen Bäume! Landesweit werden 75% des gebrauchten Papiers eingesammelt und wieder in der Papierherstellung eingesetzt – bei Verpackungen und Zeitungen zu ca. 100%, bei Hygienepapieren (Klopapier) zu 46% und bei Büro-Papieren zu 34% (2017). Dies spart gegenüber Frischfaser-Papieren ca. 60% Energie, ca. 70% Wasser und Millionen Tonnen CO_2. Recyclingpapier mit dem Öko-Siegel Blauer Engel ist ein echter Ressourcen- und Klimaschützer!

Also alles prima? Hm, es geht mehr. Noch immer sterben zu viele Bäume für Papier! Bei Büro- und Hygienepapieren könnte der Anteil des Recyclingpapiers – im Angebot wie bei der Nachfrage - deutlich höher sein. Die Kinderkrankheiten (Farbe, Beständigkeit) hat das Recyclingpapier jedenfalls längst überwunden.

Aber brauchen wir überhaupt noch so viel Papier?

Die Hamburger Verwaltung (ohne Schulen) hat ihren Papierverbrauch von 2015 bis 2017 immerhin auf 217 Mio. Blatt glatt halbiert. Das papierlose Büro auf dem Vormarsch! Der gesamte Papierverbrauch ging deutschlandweit in den letzten Jahren allerdings kaum zurück.

Und ich als Privatperson? Ich kann am Briefkasten „Keine Werbung" anbringen, beidseitig ausdrucken / kopieren und viele Ausdrucke ganz vermeiden. Pappbecher to go müssen nicht sein. Ich kann auf online-banking umschalten und den verpackungsreichen Online-Handel auf das Notwendigste beschränken.

Foto: Pexels auf Pixabay

Aber da sind ja noch die Zeitungen und die Bücher! Noch, muss man wohl sagen: Allein von 2000 bis 2018 gingen die Zeitungsauflagen in Deutschland von 23,9 auf 14,3 Mio. Exemplare zurück. Seitdem auch ich auf online-Zeitung umgestiegen bin, hat sich mein Beitrag zur blauen Tonne mindestens halbiert. Noch kann ich mich nicht dazu durchringen, auch Bücher nur noch elektronisch zu lesen. Ich gebe sie gerne in der Familie und an Freunde weiter. Und ich liebe zu schmökern...

Das Lesen am Bildschirm spart Papier, ist aber auch nicht klimaneutral: Wie viel Energie verbraucht mein Rechner, Smartphone, Tablet? Mit welchen Ressourcen wurden sie hergestellt? Wie lange lese ich elektronisch, wie viele Menschen lesen dieselbe Papier-Zeitung, dasselbe Papierbuch? Ein eindeutiger Umweltbilanz-Vergleich zwischen Print und online ist allenfalls individuell möglich.

Jedenfalls möchte ich, dass auch die Stadtreinigung Hamburg ihre 10.000 Papierkörbe sortiert wie vor 1991 – nun natürlich maschinell.

Sonne, Wind und Bio – und alle machen mit?

Wenn Deutschland bis 2050 nahezu CO_2-frei werden will, dann muss jetzt einiges passieren: zigtausend neue Windkraft-, Photovoltaik- und Biomasseanlagen, um Kohle, Öl und Gas zu ersetzen. Mit grünem Strom sollen ja bald auch noch viele E-Autos betankt sowie - sehr energieintensiv - Wasserstoff und synthetische Kraftstoffe hergestellt werden.

Wie weit sind wir? 16,7 % des Endenergieverbrauchs (Strom, Wärme, Kraftstoffe) in Deutschland kamen 2018 aus erneuerbaren Energien, z.B. aus 28.511 Windkraftanlagen an Land. Bei der Stromproduktion betrug der erneuerbare Anteil 37,8% - die Hälfte aus Windanlagen, je ein Fünftel aus Biomasse und Photovoltaik. In Hamburg sind es 4,2% (2017)! Bei der Wärmeproduktion erreichten die erneuerbaren Energien - zumeist Biomasse – bundesweit 14,2% und im Verkehr 5,7% mit Biokraftstoffen und grünem Strom.

Beachtliche Schritte, aber es bleibt viel zu tun. Die tief hängenden Früchte sind gegessen.

Wie geht es weiter? Das Erneuerbare-Energien-Gesetz von 2017 will vor allem die Strompreise zügeln und die Stromnetze vor Überlastung schützen. Instrumente: komplexe Ausschreibungsverfahren, jährliche Begrenzungen des Zubaus und die Einrichtung eines „Netzausbaugebietes" im Norden mit zusätzlichen Einschränkungen für Windkraftanlagen.

Ergebnis: 2018 wurden in Deutschland nur noch 762 neue Windanlagen installiert, 2017 waren es noch 1792. Das große Bayern fiel mit 8 neuen Windanlagen praktisch aus, speist dafür aber viel Sonnenstrom ins Netz. 2019 wird es einen weiteren Rückgang des Zubaus geben.

Bundesländer im Vergleich: Das küstenferne Sachsenanhalt hat 4-mal so viel Windkraft-Leistung wie Nachbar Sachsen. Bayern speist 10-mal so viel Sonnenstrom ins Netz wie Thüringen, ist aber nur 4,5-mal größer. Dafür ist in Thüringen der Biomasseanteil am Strom über 6-mal so groß wie im großen Nordrhein-Westfalen. Die Geografie erklärt das nicht.

Das lässt nur einen Schluss zu: Den Ausbau der Erneuerbaren bestimmt auch die Landespolitik. Bayern hat seine 10-H-Regel: 10-mal die Höhe der Windanlage - heute bis 200 m - als Abstand zu „Siedlungen". Da kann man freie Standorte lange suchen. Bundesgesetzlich gefordert sind 700 m, geplant: 1000 m.

Es soll Streit vermieden werden mit Anliegern und Naturschützern. Auch der Wald als Standort für Windanlagen ist für viele tabu. Wasch mich, aber mach mir den Pelz nicht nass. Wo soll der grüne Strom denn herkommen?

Aus dem Norden. Und da fehlt es am Netzausbau, an Speichern. Gerade schloss die Bundesnetzagentur die Beratungen zum Netzentwicklungsplan und Umweltbericht ab. Es folgen: der Bundesbedarfsplan, die Bundesfachplanung und die Planfeststellung über die genauen Trassen - ein langer Prozess. Aber mit eingebauter Beteiligung der Öffentlichkeit.

Meine Meinung: Das ist auch gut so. Wir sind aber kritikfreudiger geworden. Auch egoistischer? Haben wir noch das Allgemeinwohl, die Zukunftsfähigkeit im Auge? Wägen wir ab?

Der Lärm der nahen Kita stört. Er ist aber nicht zu vermeiden, will man Kinder frei erziehen. Ja, auch die Energiewende stört manchmal. Aber sie ist es wert, muss jedoch gerecht gestaltet werden. Wiegen meine individuellen Interessen wirklich so schwer, dass ich die Justiz bemühen und den notwendigen Ausbau der Erneuerbaren behindern muss? Helfen vielleicht Gewinnbeteiligungs-Modelle?

Frust, Lust und Trotz

Die Welt verbessern. Nein, die Welt retten. Kleiner geht's nicht: Die Klimawende, der Artenschwund, die Ausbeutung endlicher Ressourcen bedrohen den Planeten. Und mein Freundes- und Bekanntenkreis von Nachhaltigkeits-Aposteln will ihn retten. Der Kreis tut gut, gibt Wir-Gefühl, Sicherheit, Orientierung. Er kann einen aber auch täuschen.

Denn irgendwo gibt es auch noch „die anderen": Nachbarn, Verwandte, Sportsfreunde vielleicht. Man meidet das Thema, will ja nicht missionieren, ist auch feige, will keinen Streit.

Aber Statistiken lügen nicht:

- Die Zahl der Neuzulassungen von SUV in Deutschland wächst seit Jahren, 2018 um 20,8% gegenüber 2017. Klimawandel? Ressourcenschwund?

- 2018 flogen 122,6 Mio. Passagiere von deutschen Flughäfen ab, 4% mehr als im Vorjahr. Die Zahl der Kreuzfahrt-Passagiere hat sich seit 2008 verzehnfacht. Keine 10 % kompensieren die CO_2-Emissionen. Flugscham? Klimawandel? Nachhaltiger Tourismus?

- Die EU versprach den Mercosur-Ländern Südamerikas 2019 die Einfuhr von 99.000 t Rindfleisch zu günstigeren Zöllen (cows for cars). Klimawandel? Fleischreduktion? Agrarwende?

Wo soll das hinführen, so kann es doch nicht weitergehen! War das ganze Engagement seit der UN-Nachhaltigkeitskonferenz von Rio 1992 umsonst? Frust klopft an.

Aber dann kommen plötzlich die „Fridays for Future"-Teenies, die großen Demos. Und es hagelt wieder Studien und Statements aus Wissenschaft und Forschung: Selbst wenn die Retter eine Minderheit sind - sie wird größer, es bewegt sich etwas! Fast jeden Tag könnte man eine Nachhaltigkeits-Veranstaltung besuchen, ein neues Fachbuch zur Rettung der Welt lesen. Zumindest die Worte der meisten Politiker*innen, jedenfalls in Europa, machen etwas Mut: Sie haben verstanden... Vielleicht bedarf es ja nur noch eines kleinen Anstoßes, um die Welt doch noch zu retten, endlich vom Wort zur Tat zu kommen. Es geht doch voran, es lohnt sich weiterzumachen. Die Motivation, die Lust kommt wieder durch.

Foto: Noupload auf Pixabay

Und dann schleicht sich wieder der Zweifel, die Erkenntnis heran, dass persönliche Bequemlichkeit, Egoismus und Angst vor Veränderung sich mit kurzsichtigen, aber mächtigen Wirtschaftsinteressen zur Bedrohung des Planeten verbünden.

Dass demokratische Politik nicht gegen die Befindlichkeiten und Überzeugungen der Mehrheit der Wähler*innen handeln kann. Dass meine kleine Welt nur ein heißer Stein in der Wüste ist, die nicht deswegen ergrünt, weil ich Wasser auf ihn tropfe.

Da kommt der Trotz: Ohnmacht verdrängen, die Realität der Statistiken und Wahlergebnisse ignorieren. „Wir müssen uns Sisyphos als glücklichen Menschen vorstellen", sagte Albert Camus.

Meine Meinung, was uns das sagen kann: akzeptieren, was ist, aber immer weiter daran arbeiten, das es sich ändert. Und zwar, weil es richtig ist – wie die sagen, die es wissen müssen. Weil es Sinn gibt.

Und vielleicht hat der SUV-Käufer ja gerade ein Energieplus-Haus mit Heizung ohne CO_2-Emissionen gebaut. Oder der Kreuzfahrer ist Veganer. Und beide tun mehr gegen den Klimawandel als ich. Man sollte sich kennenlernen… Statistiken sagen nicht alles.

Oma allein im Haus

Ein Paar bekommt Nachwuchs. Die 2-Zimmer-Wohnung wird zu klein. In München, Berlin und Hamburg ist das meist ein Problem!

Die andere Seite: Von den knapp 1 Mio. Wohnungen in Hamburg sind 150 000 Einfamilienhäuser und 227.000 große Wohnungen mit 5 und mehr Räumen. Auch weiß man, dass 54,5 % der Hamburger Haushalte Einpersonenhaushalte sind (2018) und 137.000 Alleinlebende 65 Jahre und älter (2017). Na und?

Was man nicht weiß: Wie viele Hamburger Senior*innen leben ungewollt allein in einem Haus bzw. einer oft relativ günstigen Großwohnung weit oberhalb der durchschnittlichen Wohnfläche/Einw. von 38,5 m^2 (2018)? Mit allen Konsequenzen für die Älteren: Überlastung, Einsamkeit, hohe Nebenkosten und heizungsbedingte CO_2-Emissionen. Und andererseits fehlender Wohnraum für junge Familien.

Berlin weiß mehr: Die städtische Berlinovo GmbH ermittelte 2017, dass dort 350.000 Senior*innen lieber in einer kleineren Wohnung leben würden (im Schnitt 67m^2 statt derzeit um 90m^2). Bei einem Umzug würden 200.000 große Wohnungen für Familien frei.

Berliner Wohnungsunternehmen bieten an, bei einem Wohnungswechsel den alten m^2-Mietpreis zu halten und den Umzug mit 1500 € zu unterstützen. Bisher klappte das allerdings nur bei 200 Wohnungen im Jahr. Immerhin ein Anfang.

Auch woanders: Rostock garantiert die bisherige m²-Kaltmiete auch für die kleinere Wohnung für 3 Jahre (und vermietet die größere teurer als bisher). In mehreren Universitätsstädten gibt es „Wohnen für Hilfe": Junge Menschen ziehen zu Senior*innen in eine große Wohnung und arbeiten pro m² eigener Wohnfläche 1 Stunde im Monat im Haushalt, bei reduzierter Miete. Das spart ein neues Studentenwohnheim. In Frankfurt kann man Sozialwohnungen tauschen. Wien gibt Senioren in Gemeindewohnungen einen Rechtsanspruch darauf. Das wollen die Grünen nun auch hier, jedenfalls für Wohnungsgesellschaften.

Und in Hamburg? Seit kurzem hat die Stadtentwicklungsbehörde eine Koordinierungsstelle für Mieter*innen über 60 Jahre. Anfragen leitet sie an „kooperierende Wohnungsunternehmen" weiter, nimmt – wenn vorhanden - deren Angebote entgegen und schickt sie an die Anfragenden. Alles unverbindlich, keine Mietpreisregelung. Aber ein erster Schritt. Nicht allerdings für die Senior*innen, die eine kleinere Eigentumswohnung suchen.

Sicher, es ist kompliziert: Wohnen die Senior*innen im (abgezahlten) Eigenheim, in einer Genossenschaftswohnung oder zur Miete? Möchten sie in der sozialen Umgebung bleiben oder „in die Stadt" ziehen? Suchen sie helfende Mitbewohner*innen, eine Wohngemeinschaft gegen die Einsamkeit oder eine barrierefreie Altenwohnung?

Meine Meinung: Nachhaltige Stadtentwicklung könnte hier mehr tun als nur Postbote spielen. Z.B. eine transparente Internetplattform für Wohnungstausch-Interessierte einrichten. Und Sozialarbeiter*innen engagieren, die auch bei der Belegung von Mehrgenerationenhäusern und Cluster-Wohnungen (mit Gemeinschaftsbereich, aber eigenem Bad und Kochnische) beraten und zu Senioren-WGs zusammenführen. Und neue rechtliche / vertragliche Instrumente für Wohnungstausche sowie flexible langfristige Finanzierungsmodelle schaffen. Die junge Familie wäre dankbar, und Wohnfläche wäre nachhaltiger genutzt.

„Dann kann ich mir ja noch etwas mehr leisten" – der Rebound-Effekt

Man kennt das: Ein Sonderangebot beim Bäcker: 5 statt 6 €. Da nehme ich doch die leckeren Kekse für 1 € auch noch mit.

Oder: Ich habe mir einen teuren Toyota Prius mit Hybrid-Motor gekauft. Wegen des geringen Benzinverbrauchs fahre ich nun bequem mit dem Auto zur Arbeit statt wie bisher mit dem Bus.

Das nennt sich „Rebound-Effekt": Einsparungen, Effizienzgewinne motivieren zu Zusatz- oder Mehrverbrauch, der den Gewinn wieder schmälert oder aufzehrt. Wird über kompensiert, also Kekse für 1,20 €, nennen die Volkswirte das „backfire".

Doch wie hoch ist der Rebound-Effekt überhaupt? Das Bundesumweltamt schätzt ihn auf 20-40% je nach Bereich, also Kekse für 60-80 Cent (1 € Sonder-Ersparnis = 100 %). Eine Japanische Studie ermittelte: Nach dem Kauf eines Toyota Prius wurden damit 60% mehr km gefahren als mit dem Benziner zuvor.

Kaum abzuschätzen sind dagegen die indirekten Rebound-Effekte: Autos, Smartphones, Computer z.B. nutzen die Energie immer effizienter, sparen Ressourcen und CO_2-Emissionen ein, werden im Prinzip billiger.

Aber nur im Prinzip. Denn zusätzliche Funktionen und technische Möglichkeiten fordern die eingesparte Energie zurück. Oder die Effizienzgewinne ermöglichen eine Mengenausweitung: geringerer Einzelpreis, mehr Absatz.

Ich möchte als Kunde die Effizienzgewinne für mich und die Umwelt nutzen? Geht nicht: Einfache, Ressourcen sparende Computer oder Smartphones, die nur können, was ich will, sind nicht im Angebot.

Das Ziel der Hersteller ist eben nicht Nachhaltigkeit und Effizienzsteigerung zum Vorteil von Umwelt, Klima und Geldbeutel. Es ist die Wertschöpfung, sprich: der Gewinn, die Verteidigung der Marktmacht.

Man stelle sich vor, VW hätte den Entwicklern von Käfer bis Golf nur die Ziele Sparsamkeit und Sicherheit vorgegeben, und nicht PS-Kraft, Funktionen, Komfort. Wir könnten heute vielleicht ein 2-Liter-Auto (Verbrauch, nicht Hubraum!) fahren, das noch 150 Km/h erreicht, weniger Schadstoffe emittiert, schmale, leise Reifen mit weniger Abrieb benötigt und uns dennoch sicher und günstig von A nach B bringt. Wir wären den Pariser Klimazielen um einiges näher.

Foto: Bernswaelz auf Pixabay   Foto: Offenburg auf Pixabay

Noch ein anderer Rebound-Effekt: In Skandinavien ersetzten Energiesparlampen die alten wärmeintensiven Glühlampen.

Folge: Die Heizungen mussten hochgedreht werden, um die Wärmeverluste durch die neuen Lampen auszugleichen.

Und was lehrt uns das? Das Wettbewerbs- und Wachstumsmodell zwingt dazu, umweltentlastende Effizienzsteigerungen für Funktions- und Mengenausweitungen zu nutzen und nicht für die Umwelt. Die Verbraucher machen mit, der Werbung sei Dank.

Klima- und Ressourcenschutzpolitik muss endlich den Rebound-Effekt ernst nehmen, will sie erfolgreich sein: Jede Entlastung – z.B. bei der Pendlerpauschale – kann Rebound-Effekte auslösen – z.B. weitere Arbeitswege mit dem Auto. Die Abschöpfung der Effizienzgewinne an anderer Stelle (Steuern) oder verbindliche Grenzen, die insgesamt nicht überschritten werden dürfen – z.B. CO_2-Emissionsgrenzen für ganze Industriezweige – helfen. Aber das ganz individuelle Kosten-Nutzen-(und Belohnungs-)Kalkül bleibt ziemlich unberechenbar.

Alle Jahre wieder...

Weihnachten hat alles überlebt: Ketzer und Kommunisten, Kirchensterben und Kommerz. Seit dem 4. Jahrhundert erwies sich das Fest als äußerst nachhaltig - und kreativ bis zum Coca-Cola-Weihnachtsmann und Elchschlitten.

Ob man an die Geburt Jesu glaubt oder nicht: Weihnachten in Deutschland ist heute für alle da, für die noch 53 % Kirchensteuerzahler*innen und die 47 % Nichtmitglieder. Auch für die ca. 5,7% Muslime und 0,12% Juden – als Kulturgäste.

Weihnachten feiern heißt: schmücken, schenken, schmausen. Wie zukunftsfähig ist das?

Weihnachtsbäume sind fast klimaneutral: 8-10 Jahre atmen sie CO_2 ein und mit der Entsorgung alles wieder aus. Lichterketten & Co verbrauchen über 600 Mio. Kilowattstunden Strom, der Jahresverbrauch einer Großstadt mit 220.000 Haushalten. Sagt eine Studie von Lichtblick aus dem Jahr 2017. Aber die LED-Technik setzt sich durch und spart 80% Strom.

Geschenke: Der Weihnachtsumsatz in Deutschland (November, Dezember) lag 2018 bei fast 100 Mrd. €. Das sind pro Kopf ca. 450 €. Auch wenn viele Gutscheine und Theaterkarten dabei sind: Neue Smartphones, Goldketten, Kleidung, Spielwaren und Pralinen verbrauchten zu ihrer Herstellung Unmengen von Rohstoffen und Energie, bevor sie dem Handel und den Beschenkten Freude bereiten. Alles andere als öko-nachhaltig! Es sei denn, die Geschenke wären ohnehin, auch ohne Weihnachten, gekauft (und benötigt) worden.

Essen und Trinken: Die Weihnachtsgans mit Soße, Rotkohl und Kartoffeln schmeckt, ist aber - mit Alkohol und Süßem beim Fest – weder der ernährungsphysiologische noch der ökologische Hit. Immerhin zeigen Umfragen insgesamt doch mehr „Vernunft" als „Völlerei" zu Weihnachten. Aber wie lebte die Gans? Wer will ein veganes Festessen?

Vor allem und zuerst ist Weihnachten aber: das wichtigste deutsche Familienfest, wie das Zuckerfest der Muslime und das Chanukkafest der Juden. Einmal im Jahr trifft sich die Sippe. Entferntere Verwandte bekommen Karte oder Anruf, Opa und Oma Besuch im Alten- oder Pflegeheim. Und man denkt auch an andere, spendet für Obdachlose, kranke Kinder, die „Dritte Welt". Weihnachten macht empfindsam und großzügig. Man fühlt sich geborgen im Kreise der Lieben, vertieft vertraute Verbindungen. Es geht emotional zu, Enttäuschungen und Ärger eingeschlossen.

Meine Meinung: In einer auf Effizienz, Schnelligkeit und Funktionieren getrimmten Gesellschaft ist Weihnachten das Kontrastprogramm, eine Oase des Menschlichen. Und unverzichtbar für eine sozial nachhaltige Entwicklung.

Verzichtbar sind da eher freudlose Verlegenheits-Geschenke, recycle-resistentes Plastikspielzeug und teure Protz-Präsente. Ebenso wie glitzernde Festtags-Verpackung.

Gerade weil Weihnachten *das* Familienfest ist, ist es für Alleinstehende, Arme und Einsame nicht selten ein Horrordatum. Außen vor, abgehängt, vergessen. Sozialverbände, Kirchen und Nachbarn reagieren darauf, Menschseidank. „Niemand zurück lassen" heißt es in den Nachhaltigkeitszielen der UNO von 2015. Die demografische Entwicklung auf dem

Lande und eine Quote von Einpersonenhaushalten von über 50 % in Hamburg fordern auch politische Initiativen. Es braucht flächendeckend Angebote für diese Menschen, aufsuchende Sozialarbeit, attraktive Begegnungen. Alle Jahre wieder, nicht nur zu Weihnachten.

Nr.12

Was ist eigentlich öko-sozial?

Paul ist ein Öko-Fundi. Neulich beim Bier: „Ich mache echt alles richtig, ich esse vegan, kaufe bio, regio und fair. Ich fahre Rad statt Auto, verzichte auf Flugreisen. Ich engagiere mich für Naturschutz. Ich bin öko. Ich, ich..." Seine Tochter ist 15 und lebt bei seiner Ex. Manchmal treffen sie sich, und Paul erklärt ihr die Welt und wie man sie rettet.

Paul: „Neulich meinte sie: Papa, du bist ein Held. Aber Mama auch. Sie wollte die Familie retten und rettet jetzt *ihre* Umwelt – mit Empathie, Zeit für andere, Verständnis und Unterstützung für mich, für unsere Nachbarn und Freundinnen. Wir haben ein gutes Leben zusammen – auch nicht vegan. Ihr hättet euch so gut ergänzen können!" Paul kleinlaut: "Und den Mehrverbrauch an Ressourcen für zwei Haushalte hätten wir auch vermieden..."

Im Kleinen wie im Großen: Erst die Balance, die Zusammenschau von Ökologie und Sozialem ergibt eine zukunftsfähige Entwicklung. „Soziales" meint dabei vieles:

Zum Beispiel: Frieden. Zerbombte Städte, verminte Felder, brennende Öl-Pipelines. Kriege sind eine menschliche, eine soziale Katastrophe, aber auch eine ökologische.

Zum Beispiel: materielle Sicherheit. Wer zur Tafel gehen muss, fragt nicht nach Gemüse von Bioland oder Demeter. Wer dringend eine Sozialwohnung braucht, kann sich nicht auf gut gedämmte Niedrigenergie-Neubauten beschränken. Wer nicht weiß, ob seine Viehherde auch morgen noch die

Familie ernährt, sorgt sich heute nicht um Überweidung und Wüstenbildung.

Zum Beispiel: Zuversicht und Perspektive. Der Abschied von fossilen Brennstoffen ist nötig, die Kohle-Reviere sterben und mit ihnen viele Arbeitsplätze. Der Klimaschutz wird zur großflächigen sozialen Herausforderung.

Foto: Herbert Aust auf Pixabay

Meine Meinung: Öko-sozial ist sehr kompliziert: Umweltprobleme können lokal oder global sein, heutige oder zukünftige Generationen betreffen. Dasselbe gilt – zum Teil orts- und zeitversetzt – für die Vermeidung und Bekämpfung von Umweltproblemen. Die einen profitieren – gesetzlich erlaubt– von der Schädigung der Umwelt (Klimawandel, Nitratbelastung, Überfischung, belastete Flüsse usw.). Andere leiden darunter. Wieder andere profitieren von der Vermeidung und Bekämpfung der Schäden, andere leiden darunter (Verzicht auf Kohle, Öl und Erdgas; Windkraft; Bio-Landwirtschaft, Beschränkungen des Verkehrs).

Öko-sozial heißt, bei allen politischen und wirtschaftlichen Entscheidungen beides konkret aufeinander zu beziehen und beides so weitgehend wie möglich zu realisieren. „Praktische Konkordanz" sagen Staatsrechtler dazu. Es gibt planetare Grenzen, aber ihr Verlauf ist nicht immer eindeutig. Sie markieren Ziele und Gefahren, aber sie rechtfertigen kein Diktat, keinen umstandslosen Durchgriff. Ebenso wenig, wie angebliche Sachzwänge des wirtschaftlichen status quo dies tun. Öko-soziale Politik ist in der Demokratie auf Mehrheiten, auf Überzeugen, auf Ausgleich angewiesen.

Nicht nur Familien, auch Gesellschaften können sich trennen, zerbrechen. Der natürlichen Umwelt hilft das nicht – im Großen wie im Kleinen.

Sand und Torf

Zugegeben: in dieser Kombination ein ungewöhnliches Nachhaltigkeitsthema. Aber der Reihe nach:

Sand kommt in Deutschland aus etwa 2500 Sand-/Kiesgruben, die pro Jahr ca. 240 Mio. Tonnen fördern. Das Meiste für Beton (2/3 Sand, 1/3 Zement), auch für Asphalt. Siliziumdioxid, Hauptbestandteil von Sand, dient zudem der Herstellung von Glas, Solarzellen, Computerchips, Waschmittel, Kosmetik.

Dank des globalen Baubooms braucht die Welt heute dreimal so viel Sand wie vor 20 Jahren. Ein Einfamilienhaus benötigt 200 t Sand, ein Kilometer Autobahn 30.000 t. Heute wird weltweit doppelt so viel Sand abgebaut, als durch Erosion und Zerkleinerung in Flüssen neu entsteht. Für Beton eignet sich nur (ehemaliger) Fluss- und Meeressand, kein Wüstensand, der ist zu rund geschliffen.

Vor allem in Asien ist Sand zur hart umkämpften Ressource geworden. Über die Hälfte der Welt-Produktion verbraucht China. Dubai und Abu Dhabi mussten für ihre Großprojekte Sand aus dem fernen Australien importieren. Nachbarstaaten von Singapur haben den Sandexport in den Stadtstaat inzwischen verboten. Indonesien verlor durch Sandabbau mehrere Inseln. In Indien stiehlt eine Sand-Mafia ganze Strände. 15% der globalen Sandproduktion gelten heute als illegal. Sand wird knapp.

Und Torf? Moore verhindern durch ihren Wasserstand, dass Sauerstoff an Pflanzenreste gelangt und sie unter Freisetzung von CO_2 zersetzt. Wachsende Moore binden immer neu organischen Kohlenstoff. Vergrabene Torfe ohne Luftkontakt schließen alten Kohlenstoff ein.

Weltweit speichern Moorböden ein Drittel des organischen Bodenkohlenstoffs, doppelt so viel wie alle Wälder zusammen. Bundesweit sind das 1,2 bis 2,4 Mrd. Tonnen gespeicherter Kohlenstoff, in Hamburg ca. 12,8 Mio. t. Das ist Klimaschutz pur. Auch wenn zur Wahrheit gehört, dass aus natürlichen Mooren je nach Temperatur und Wasserstand das Klimagas Methan entweicht.

Wird ein Moor kultiviert, entwässert, der Torf gestochen, tritt in großen Mengen CO_2 aus. Hamburg gibt an, aktive Moore und anstehende Torfe zu schützen.

Sand *und* Torf: Mit dem Hamburger Bebauungsplan „Neuland 23" entsteht südlich der Elbe (an der Autobahn A1 zwischen Süderelbe und Anschlussstelle Harburg) ein riesiges Gewerbegebiet für Logistikunternehmen. Inmitten von Landschaftsschutz- und Naturschutzgebieten mit bedrohten Tier- und Pflanzenarten wird ein „Klima-Modell-Quartier" auf Moorböden gebaut.

Auf Moorböden? Nicht direkt, vielmehr auf 780.000 m^3 darauf aufgeschüttetem Sand (ein Würfel mit einer Kantenlänge von 92 m – Höhe der Hamburger Mundsburg-Türme - und 1 Mio Tonnen Gewicht!). Versiegelung pur für einen zukünftigen Hotspot des LKW-Verkehrs in der ganzen Moorregion südlich der Elbe.

Torf und Sand. Bautätigkeit gefährdet beide Ressourcen. Deswegen: Moorböden müssen erhalten und gepflegt werden! Bausand sollte wo immer möglich durch Rezyklate oder Alternativen zum Beton eingespart werden! Langfristig kommt auch die deutsche Sandproduktion an die „Grenzen des Wachstums". Denn es gibt viele Neuland 23. Und auch Klima-Modell-Quartiere sind auf Sand gebaut und brauchen viel Beton - auch wenn sie dann Gründächer bekommen.

Bauern zwischen Baum und Borke

Für Großstädter wie mich ist Landwirtschaft unwegsames Gelände. Dennoch bin ich Teil davon. Das spüre ich auf dem Wochenmarkt.

Januar: Grüne Woche, Leistungsschau der Landwirtschaft und immer wieder Anlass für Kritik. Fuhr der große Traktoren-Korso im Herbst noch gegen das Agrarpaket der Bundesregierung an, hieß die Trecker-Demo am 18.1.: „Wir haben die Agrarindustrie satt". Auch das Bauernvolk ist sich nicht einig.

Foto: S.Hermann & F.Richter auf Pixabay

Die Agrarpolitik ist „vergemeinschaftet": Die EU alimentiert die europäische Landwirtschaft mit ca. 58 Mrd. € (2017) jährlich. Davon 40 Mrd. € als Direktzahlungen in Form einer Flächenprämie („1.Säule"). In Deutschland bleiben davon ca. 6 Mrd. €. Egal, was auf der Fläche passiert, gezahlt wird pro Hektar. Für 100 ha Land ca. 25-32.000 €, für Großbetriebe mit 4000 ha über 1 Mio. € im Jahr.

Aber dafür brauchen die Begünstigten, besonders die Kleinbetriebe, einen harten Bleistift: Basisprämie, „Greeningprämie", Umverteilungsprämie, Jungbauernprämie... Gibt es alles nur, wenn die „Cross-Compliance-Verpflichtungen" eingehalten, die „Greeningauflagen" erfüllt, die betriebsbezogenen Vorschriften umgesetzt, Dokumentationen erarbeitet und Anträge fristgerecht gestellt sind... Langsam erhöhen EU und Mitgliedsländer ihre Anforderungen an Umwelt-, Arten- und Tierschutz. Und die neue EU-Chefin will mehr. Also noch öfter Schreibtisch als Traktor? Auch Bürokratie für einen guten Zweck bleibt Bürokratie.

Und die andere Seite: Bekommen die Bauern für ihre Produkte – konventionell oder bio – einen angemessenen Preis? Die großen Handelsketten sind kostenbewusst, nutzen ihre Marktmacht und drücken die Erzeugerpreise.

Denn die Kunden sind preisfixiert. Die Deutschen geben durchschnittlich nur ca. 10% ihres Haushaltseinkommens bzw. 14% ihrer Konsumausgaben für Lebensmittel aus. 1970 waren das noch 25% der Konsumausgaben. Bei armen Menschen ist das sicher mehr, aber im Ländervergleich immer noch eher wenig.

Folge aus alledem: Die Landwirt*innen sind unzufrieden. Jedes Jahr geben 1,3% der bäuerlichen Betriebe auf, werden von größeren geschluckt. Nachwuchs fehlt. 11% der Betriebe verfügen über 55% der landwirtschaftlichen Fläche. Längst haben Immobilienmakler Äcker als sichere Anlage für Nicht-Landwirte bzw. deren Strohleute erkannt. Grundstücks- und Pacht-Preise steigen. Es wird spekuliert. Was also tun?

Meine Meinung: Alle wollen gesundes Essen, sauberes Grundwasser, in der Umgebung Insekten, Vögel, Feldhasen und manchmal Fleisch von artgerecht gehaltenen Tieren. Ich unterstelle: Die Landwirt*innen wollen das auch – wenn sie ihr Auskommen haben.

Ich zahle lieber einen „guten" Preis für „gute" Agrarprodukte als Steuern für eine aufwendige EU-Gießkannenförderung pro Hektar. Und wird's zu teuer, nehme ich weniger oder etwas anderes. Für meine Steuern wünsche ich mir eine Agrarpolitik, die Klima-, Ressourcen-, Arten- und Tierschutz auf hohem Niveau als Daseinsvorsorge gewährleistet – mit Regeln und spezifischer Förderung. Ihr Ziel sollte weniger die exportorientierte Agroindustrie sein als vielmehr eine kompetente, verantwortungsvolle und zufriedene Bauernschaft. Die findet man häufig – aber nicht nur – in Biohöfen und Betrieben der solidarischen Landwirtschaft: Partnerschaften von Bauern, Verbraucher*innen und anderen.

Nr.15

Wie können wir es wagen?

Greta Thunbergs „How dare you?" meint mich. Ja, warum legte der Klimawandel gerade in der zweiten Hälfte des 20. Jahrhunderts so dramatisch zu? In der Hoch-Zeit meiner Generation.

Die Klimakrise begann nach dem Weltkrieg mit dem Wiederaufbau, dem Streben nach besseren Lebensbedingungen, mit der Bekämpfung von Armut und Arbeitslosigkeit in Nord und Süd. Dies kostete viel Energie. Mit Kohle, Öl und Gas stand dafür nur CO_2-Haltiges zur Verfügung. Wind, Wasser, Holz waren bekannt, aber nicht genug. Die spätere Atomkraft ist zwar klimaschonend, aber nicht zukunftsfähig.

So wuchs der CO_2-Ausstoß global von 1950 bis 2015 auf das 5-Fache. Die Erde erwärmte sich von 1956 bis 2005 doppelt so schnell wie von 1906 bis 2005. Die Weltbevölkerung verdreifachte sich seit 1950 (2,5 Mrd.) bis heute.

Noch folgt der CO_2-Ausstoß dem Wirtschaftswachstum – mit Rückgang in der Krise von 2009 und Zuwachs im China-Boom seit 2003.

Das Problem: Wirtschaftswachstum als Ideologie kennt kein Entwicklungsziel, kein „Ausgewachsensein". Das gilt auch für die Nachkriegszeit in Mitteleuropa, für den Sieg des Kapitalismus über den Kommunismus. Das ewige Wirtschaftswachstum ist nach wie vor das Maß aller Dinge, das Bruttoinlandsprodukt (BIP) Symbol für Wohlstand, die Klimakrise ein verdrängter Kollateralschaden.

Dabei ist längst klar: Die Zufriedenheit, das Glück der Menschen nimmt durch materiellen Zugewinn ab einem bestimmten Lebensstandard nicht mehr zu, manchmal ab. In Buthan ist Glück Staatsziel, nicht Wachstum.

Als Kind in den 50ern und Jugendlicher in den 60ern hatte ich tolle Spielplätze bei Bombentrichtern und Baustellen, eine Modelleisenbahn, ein Fahrrad, ein paar Freunde und manchmal Langeweile. Ohne Fernsehen, Computer oder Handy. Mir ging es gut. Auch in den 70ern als Student mit Büchern aus der Bibliothek, einem 7 m²-Zimmer und einer mechanischen Schreibmaschine. Aber auch mit einem Citroën 2CV („Ente") mit 16 PS für das Fernweh… Mir fehlte nichts.

Zwischen 1950 und 1990 verdreifachte sich in der BRD der jährliche Primärenergieverbrauch. Der Wert der in West-Deutschland hergestellten Waren und Dienstleistungen (BIP) stieg von 50 Mrd. € im Jahre 1950 über 360 Mrd. € im Jahr 1970 auf 3,3 Bill. € im Jahr 2018.

Hätten wir West-Deutschen uns mit dem Lebensstandard von 1970 begnügt, und hätte die Industrie den technischen Fortschritt in Energieeffizienz und Sicherheit gesteckt statt in immer mehr und neue Waren, und wären weniger Steuer-Subventionen in fossile Energien und Autos, mehr in Gesundheit und Bildung geflossen – dann hätten wir heute kein Problem mit unseren CO_2-Emissionen.

Hätte, hätte, Fahrradkette. Heute hängen Wirtschaft, Arbeitsmarkt und Staatsbudgets weltweit vom Wachstum des Konsums ab. Wir sind Wachstums-Junkies. Der Welthandel sichert uns Ressourcen und Nachfrage. Alle gesellschaftlichen Bereiche sind ökonomisiert, immaterielle Bedürfnisse nachrangig, Gleichheit und Gerechtigkeit hintangestellt.

Wachstum gehört inzwischen zu unserer gesellschaftlichen DNA. Es ist unsere Kultur, rationaler Argumentation oft unzugänglich. Aber fatal für die Zukunft. Es geht ja nicht nur ums Klima, auch um die Plünderung des Planeten, um Artensterben und globale Gerechtigkeit.

Ja, wie konnten wir es wagen, dies zuzulassen? Wir müssen es wiedergutmachen. Jetzt.

Nr.16

Plastik – die Politik ist gefordert!

Kunststoff ist ein geniales Material, an alle Wünsche und Anforderungen anzupassen. Aber: Es emittiert viel CO_2 bei Herstellung und Verarbeitung; es lebt zu lange, zerbröselt zu Mikroplastik und hat in der Natur, in Meeren und Flüssen nichts zu suchen.

In Deutschland ist das Vermüllungsproblem nicht so groß wie anderswo: Wir haben die Mülltrennung, gelbe Säcke/Tonnen und eine funktionierende Müllabfuhr.

Foto: Hanne Hasu auf Pixabay

Und wir haben die gesetzliche Pflicht zum Recyclen, also zur „stofflichen Verwertung", wenn Müllvermeidung nicht möglich ist. Nur was nicht recycelt werden kann, ist „energetisch" zu verwerten, zu verbrennen. Deponien sind in Deutschland keine Option mehr.

Und dennoch liegt auch Plastik aus Deutschland an den Stränden Malaysias, Indonesiens und anderswo: Müll in gelben Säcken darf exportiert werden – als „Rohstoff". Deutschland ist mit 740.000 Tonnen (2018) drittgrößter Plastik-Exporteur der Welt. Aus den Augen, aus dem Sinn - aber nicht aus der Welt.

Was in Deutschland bleibt, geht durch die Sortieranlagen. Ganze 16% des Inputs kommen als sortenreines Granulat wieder heraus und werden tatsächlich in neuen Produkten verwertet. Mindestens 50% sollten es nach dem Verpackungsgesetz sein. Aber die Nachfrage nach dem Granulat ist begrenzt: Frisches Plastik ist billiger. Und was mit dem Rezyklat produziert wird - Parkbänke, Blumentöpfe -, ist „downcycling". Aber Ressourcenschutz?

Der größere Teil des Gelbe-Tonnen-Inhalts - Verbundmaterialien, Mehrschichtfolien, „Fehlwürfe" - ist stofflich nicht verwertbar. In Müllverbrennungsanlagen dient dieser Rest bestenfalls der Stromproduktion oder in Zementfabriken als günstiger Ersatzbrennstoff.

Auch Plastik, das nicht in der gelben Tonne landet, sondern im Haushalts-Restmüll (ca. 6% Plastik) oder in den öffentlichen Papierkörben, kommt ins Feuer.

Meine Meinung: Solange Abfälle / gelbe Säcke exportiert werden dürfen, solange schwimmt auch deutsches Plastik in den Ozeanen. Die stoffliche Verwertung im Ausland kann von Deutschland aus nicht kontrolliert werden. Sie wird die deutsche Recyclingquote auch kaum übersteigen.

Solange der Gesetzgeber die Produktverantwortung der Hersteller nicht verschärft, solange werden die gesetzlichen Recyclingquoten Illusion bleiben. Nur gut recyclebarer Kunststoff sollte in den Verkehr gebracht werden dürfen. Verstöße wären zu verfolgen. Das würde viel Müll vermeiden.

Solange Hersteller von Kunststoff nicht einen angemessenen Anteil von Rezyklaten verwenden müssen, solange bleibt Ressourcenschonung ein Lippenbekenntnis und das Recycling teure Symbolpolitik.

Und schließlich: Die manuelle Mülltrennung nervt und verunsichert die Haushalte. Sie ist aufwendig, unzuverlässig und bedarf der maschinellen Nachsortierung. Das in Hamburg-Stellingen geplante Zentrum für Ressourcen und Energie ZRE soll *ungetrennten* Hausmüll vollautomatisch sortieren und verwerten - in viele verschiedene Fraktionen und Endprodukte. Wissenschaftler*innen sollten klären, ob dies nicht die Müllbehandlung der Zukunft sein kann – zur Rettung von Ressourcen und zur Entlastung von Haushalten und Straßen.

Aber ohne manuelle Mülltrennung hätten wir vielleicht nicht mehr so deutlich vor Augen, wie viel Müll und Rohstoffe unser nicht nachhaltiger Lebens- und Konsumstil fordert...

Nr.17

Deutschland kann doch das Weltklima nicht retten!

Ja, es stimmt: Es sind nur 2%. Deutschland blies mit seinen 753 Mio. Tonnen CO_2 im Jahr 2018 nur 2% des weltweit anfallenden CO_2 aus fossilen Brennstoffen in die Atmosphäre. China fast 30%, die USA knapp 14% und Hamburg 0,04%. Auch wenn die anderen Treibhausgase (z.B. Methan, Lachgas) hinzukommen, bleiben in etwa diese Größenordnungen.

Und was ist mit den Waren, die Deutschland z.B. aus China importiert? Das CO_2 entsteht in China und belastet seine CO_2-Bilanz, ist aber vom deutschen Konsumenten veranlasst. Andererseits produziert auch Deutschland für den Export, mit CO_2-Emissionen hier. Im Saldo führt Deutschland (obwohl Exportweltmeister) ca. 86 Mio. t CO_2 mehr ein als aus. Auch das ändert die Größenverhältnisse aber kaum.

Warum soll Deutschland, und Hamburg erst, bei diesem Mini-Einfluss auf das Weltklima Milliarden für den Klimaschutz ausgeben?

Ohne China und die USA ist das Klima nicht zu retten, richtig. Zusammen produzieren sie gut 40% aller Klimagase. Plus Indien, Russland und Japan sind es knapp 60%. Die verbleibenden 40% sind aber keine zu vernachlässigende Größe – siehe China und die USA! Sie verteilen sich nur auf über 180 Staaten. Deutschland ist ganz vorn: Platz 6 auf der Klimasünder-Weltrangliste. Würde schon Deutschland wegen begrenzter Klimawirkung zu einer vernachlässigbaren Größe, müsste das auch für alle nachfolgenden 180 Staaten gelten. 40% der Klimabedrohungen würden so ausgeblendet.

Und es ist noch eine andere Rechnung aufzumachen: die Pro-Kopf-Emissionen. Die weltweit ausgestoßene CO_2-Menge 2018 (rund 38 Mrd. t CO_2) geteilt durch die Anzahl der Menschen auf der Welt (7,7 Mrd.) ergibt eine globale Pro-Kopf-Emission von durchschnittlich 4,9 t CO_2 pro Jahr. Jede*r Deutsche verursacht fast das Doppelte: 9,2 t. Und wir wissen, dass schon der Durchschnittswert viel zu hoch ist. Zugegeben, Katar emittiert pro Kopf über 30 t, die USA über 16 t, China knapp 8 t, aber Indien nur fast 2 t CO_2 (alles 2018, ohne andere Treibhausgase).

Wenn wir Deutschen also pro Kopf CO_2-mäßig weit über unsere Verhältnisse leben, kann es nicht sein, dass wir uns wegen geringer Weltklimarelevanz aus den Klimaschutzanstrengungen heraushalten. Das ist auch eine Frage globaler Gerechtigkeit.

Ebenso wie dies: Das Klimaabkommen von Paris 2015 war auch ein Akt der Solidarität mit den vielen Dürreländern und kleinen Inselstaaten, die schon heute massiv unter den Folgen des Klimawandels leiden. Eines Klimawandels, den die Industrienationen wie Deutschland mit ihrem Wachstums- und fossilen Energiemodell verursacht haben.

Und last but not least: Die Weltwirtschaft ist im Umbruch, der Zwang zu nachhaltigerem Wirtschaften ist unübersehbar. Es wäre töricht und wohlstandsgefährdend, wenn Deutschland sich nicht intensiv beteiligte am Wettlauf um die zukunftsfähigsten, CO_2-freien Produkte, Techniken und Verfahren. Vielleicht kann Deutschland in bestimmten Sektoren ja sogar noch Marktführer bleiben oder werden; insgesamt haben wir diese Position schon verloren.

Fazit: Es gibt wirklich genug Gründe, warum Deutschland in allen Bundesländern trotz seiner geringen direkten Weltklimarelevanz alles in seiner Macht Stehende für den Klimaschutz tun muss.

Nr. 18

Die letzte Meile – für Pakete und Personen

Waren müssen vom Verteilzentrum zum Geschäft oder zum Kunden, Personen vom Haus zur Schule, zum Supermarkt, zum U-Bahnhof. Was macht die „letzte Meile" nachhaltig?

Oder doch eher so? Wie nutze ich ein gigantisches Warenangebot, ohne vom Sofa aufzustehen und mich um irgendwelche Verkehrs- und Einzelhandelsprobleme zu kümmern? Antwort: Ich kaufe alles online. Und wie schaffe ich es, auch die letzte Körper-Bewegung zu vermeiden und die Umweltfolgen anderen zu überlassen? Antwort: Ich fahre E-Scooter.

Und für Anbieter: Wie sichere ich mir Kunden und belaste andere mit den Folgen? Antwort: Ich biete online an und beauftrage einen Paketdienst. Und wie bekomme ich einen Fuß in den E-Mobilitäts-Markt? Ich überschwemme die Straßen mit E-Scootern, übertrage billigen Hilfskräften das Einsammeln und Batterie-Aufladen und nutze die Kundendaten...

Okay, und jetzt weiter ohne Polemik.

Pakete legen die letzte Meile noch weitgehend im Diesel-Lieferwagen zurück. Die fünf größten Paketdienste haben bundesweit über 80.000 Fahrzeuge. Vielzahl und Größe der Wagen führen zu Verkehrsbehinderungen, Staus, Lärm und schlechter Luft.

Aber es tut sich was in Hamburg. Die Stadt will 2021 glänzen auf dem Weltkongress für intelligente Transport-Systeme, ITS. Im Projekt SMILE (Smart Last Mile Logistics) wurde einiges ausprobiert. Z.B. „Mikro-Hubs": kleine Paketdepots von UPS in der Innenstadt und eine Zustellung mit elektrischen Lasten-Rädern.

Liefer-Roboter wurden getestet. Für Lastenräder gibt es einen staatlichen Zuschuss von bis zu 2000 €. DHL nutzt bald zu 20% E-Autos für die Zustellung. Fahrrad- -Kuriere sorgen für schnelle Nah-Zustellung.

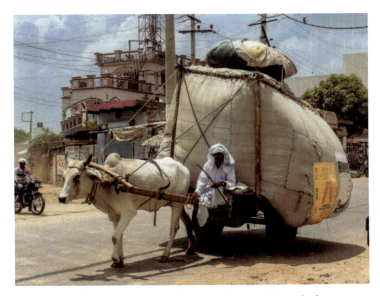

Eine nachhaltige Alternative? Foto: Stepan Westphal

Aber auch die nachhaltigen Alternativen zu Sprinter & Co brauchen Platz. Fahrradwege taugen nicht für Lasträder, Bürgersteige nicht für Mikro-Hubs. Es geht nicht anders: Der individuelle Autoverkehr – auch der mit E-PKW! – muss abnehmen! Platz machen für sichere, saubere und leise Mobilität und Logistik.

Und es braucht Lieferzonen und -zeiten für die Geschäfte, Paketstationen zum Abholen und Kooperationen der Paketdienste... Alles das fördert die Nachhaltigkeit der letzten Meile. Wenn, ja wenn auch die Arbeitsbedingungen für die Paketboten stimmen...

Die letzte Meile für **Menschen** geht auch ohne Auto und elektrische Unterstützung: zu Fuß, mit dem Rad. Das eigene Fahrrad (ohne Motor) mag zunächst einiges kosten, fährt dann aber - geschützt und gepflegt – zig tausend km und viele Jahre fast kostenlos. Gut für die eigene Gesundheit, gut für die Umwelt.

E-Scooter haben dagegen eine Lebensdauer von unter 1 Jahr, Leih-E-Räder etwas länger, sind aber wartungsintensiv, weil ungeschützt. Die Umweltbelastungen der Batterie-Herstellung haben sich inzwischen herumgesprochen.

Private Lastenräder für den Kinder- und Einkaufs-Transport fordern vergleichsweise viel öffentlichen Raum. Besonders, wenn sie auf dem Bürgersteig abgestellt werden. Dabei reichen Kindersitze, Anhänger und Körbe meist aus, vermeiden Parkprobleme und machen das Rad zum Vielzweck-Gerät.

Meine Meinung: Über die (Nicht-)Nachhaltigkeit der letzten Meile bestimmen wir selbst entscheidend mit: durch online-Käufe von allem und jedem, intensiven Konsum und die eigene Fortbewegungsart. Alles was elektrisch ist, mag hip sein, ist aber noch nicht nachhaltig.

Wie misst man die jährlichen CO_2-Emissionen eines Landes?

Gar nicht. Gemessen wird nur der CO_2-Anteil in der Atmosphäre - auf Hawaii: Die sogenannte Keeling-Kurve erreichte im Sommer 2019 einen CO_2-Anteil von 0,0412% oder 412 ppm (parts per million) - gegenüber 280 ppm vor der Industrialisierung. Mehr CO_2, mehr Erderwärmung – ja, auch in dieser geringen Größenordnung.

Was jeder Staat, jedes Bundesland dazu beiträgt, wird gerechnet, nicht gemessen. Basis dafür sind die Energiebilanzen, d.h. die Mengen bzw. die Energieausbeute von Kohle, Erdgas und Erdöl, die zur Energiegewinnung verbrannt werden. Die Daten stammen von Kraftwerken, Raffinerien, Händlern, die ihre Umsätze an die Statistik melden.

Jeder kohlenstoffhaltige Brennstoff hat seinen eigenen Emissionsfaktor: Bei der Verbrennung von 1 kg Steinkohle entstehen 2,6 kg CO_2 (mit Sauerstoff aus der Luft), aus 1 Liter Benzin entstehen 2,4 kg CO_2, aus 1 m^3 Erdgas 2 kg CO_2. Oder anders ausgedrückt: 1 kWh Energie aus Steinkohle verursacht 337 g CO_2, aus Braunkohle 381 g und aus Diesel 266 g.

Für Strom aus dem großen Netz gibt es einen bundeseinheitlichen „Generalfaktor". Er spiegelt den nationalen Energieträgermix bei der Verstromung und den Wirkungsgrad der Kraftwerke. Zurzeit liegt er bei ca. 500 g CO_2 pro kWh. Er sinkt dank Wind- und Solarstrom. Länder wie Hamburg mit wenig grüner Stromproduktion profitieren davon.

Auch für große Fernwärmenetze mit vielen Quellen gibt es einheitliche Emissionsfaktoren.

Zurück zu den CO_2-Emissionen eines Landes: Es gibt zwei Arten von CO_2-Bilanzen: die Quellenbilanz und die Verursacherbilanz.

Die Quellenbilanz dokumentiert die CO_2-Emissionen der Primärenergieträger für die Energie-Umwandlung – die Input-Seite. Sie umfasst alle in einem Land verbrannten Kohle-, Erdöl- und Erdgasmengen - egal, ob und wie die Endenergien dann im Inland genutzt oder aber exportiert werden.

Die Verursacherbilanz dokumentiert dagegen, wie viel CO_2 die Verbrauchssektoren Industrie, Verkehr, Haushalte und Gewerbe im Lande selbst emittieren - die Output-Seite. Sie umfasst die CO_2-Emissionen durch die Nutzung der Endenergien Kraftstoffe, Heizöl, Fernwärme, Strom - auch von importiertem Strom.

CO_2-Verursacherbilanz Hamburg 1990 - 2017

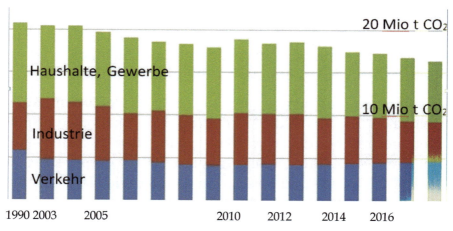

CO_2-Verursacherbilanz; Bürgerschafts-Drs.21/19200 3.12.2019

In der Klimadiskussion dominiert die Verursacherbilanz, weil sie die Veranlasser, die Verantwortlichen für die Emissionen benennt. Die Verursacherbilanz weist aber generell weniger CO_2-Emissionen aus als die Quellenbilanz - wegen des Eigenverbrauchs der Kraftwerke. Beide Bilanzarten „unterschlagen" ferner CO_2-Emissionen aus Landnutzung und Viehzucht, aber auch aus chemischen Prozessen wie die Zementherstellung.

Die CO_2-Emissionen bei grenzüberschreitendem Verkehr werden nicht aufgeteilt, der Flug-Fernverkehr meist ausgeklammert.

Auch die CO_2-Emissionen der „Vorketten" – also der Förderung und des Transports der Primärenergien Kohle, Öl und Gas – werden nicht den Verursachern im Inland zugerechnet, sondern nur den Erzeugerländern.

Meine Meinung: Die detaillierten CO_2-Bilanzen täuschen Präzision nur vor. Sie sind unvollständig. Bestimmte CO_2-Emissionen werden ebenso vernachlässigt wie andere Treibhausgase – z.B. Methan, Fluorgase. Klimapolitik sollte mit einer Sicherheits-Marge rechnen, nicht mit einer Minimal-Bilanz. Die Messungen in Hawaii lassen sich nicht schönrechnen.

Nr. 20

Entscheidungen –
Lebensphasen und Nachhaltigkeit

Es gibt im Leben manchesmal Momente, wo man dieses oder jenes machen könnte...", sich z.B. spontan für einen Gemüse-Burger entscheiden und gegen ein Schnitzel, fürs Rad und gegen das Auto. Und es gibt im Leben grundsätzliche Weichenstellungen für einen mehr oder weniger nachhaltigen Lebensstil.

Geboren werden wir in eine Umwelt, die der Stand der Eltern bzw. Mutter in der Gesellschaft prägt. Viele heute über 70-Jährige haben noch immer die Hemmung, Lebensmittel und Gebrauchsgegenstände wegzuwerfen - die Entbehrungen der Nachkriegszeit wirken nach. Heute wachsen die meisten – nicht alle! - Kinder in Sicherheit und Überfluss im Kinderzimmer auf. Nur wenige Kinderwünsche bleiben unerfüllt. Auch das prägt. Und darf ich als Schüler*in selbstverantwortlich zur Schule radeln oder chauffiert mich Mama im SUV?

Im ersten Lebensjahrzehnt wachsen auch Empathie, die Sensibilität für andere, für Klima- und Umweltschutz. Mit heiligem Ernst spenden Kinder ihr Taschengeld für Katastrophen-Opfer, weisen sie Fleisch von getöteten Tieren zurück. Was daraus wird, hängt auch von den Erziehungspersonen ab.

In der Pubertät geht es dann eher um Selfies („wer bin ich?"), um das andere Geschlecht, die eigene Position in der Gesellschaft als um nachhaltiges Verhalten. Gutmensch ist out, cool ist in. Die „Fridays for Future"-Teenies bestätigen als Ausnahme die Regel – und geben Hoffnung.

Berufs- und Arbeitsplatzwahl: eine sehr grundsätzliche Weichenstellung für das Nachhaltigkeits-Selbstverständnis. Schon immer waren dabei neben dem Verdienst soziale Ziele für viele sehr wichtig. Ökologische Ziele sind im Kommen: green hightec for future!

Bei der Familiengründung und Kindererziehung polen die Kleinen einen um: Generationengerechtigkeit und Zukunftsfähigkeit werden unvermittelt zur „natürlichen" Leitlinie. Durchaus auch bei jenen, die ihr gutes Einkommen bisher in Konsum und einen großen ökologischen Fußabdruck investierten.

Die Entscheidung, als (wohlhabender) Großstädter ein Auto durch Bus und Bahn bzw. das Fahrrad zu ersetzen und *kein* Einfamilienhaus zu bauen, bringt entscheidende Pluspunkte auf dem Nachhaltigkeitskonto des Lebens. Ähnlich die Urlaube: Bergwandern in den Alpen statt all inclusive in der Dominikanischen Republik – die CO_2-Emissionsmengen unterscheiden sich drastisch.

Sind die Kinder aus dem Haus, orientiert man sich neu. Passen die eigenen Interessen zu einem global verantwortbaren Leben? Plant man, später zugunsten der Familie eines Kindes in eine „angemessen" kleinere Wohnung zu ziehen („smart homes for best agers")?

Ruheständler*innen haben sich meistens endgültig eingerichtet: Das häusliche Umfeld, auch die Kleidung brauchen seltener Updates. Die Bedürfnisse werden immaterieller, man entdeckt Natur und Gemeinschaft. Aber oft auch das Reisen! Die Tourismuswerbung für Kreuzfahrt-Komfort ist äußerst erfolgreich. Nachhaltige Alternativen für Ältere muss man suchen. Viele denken sich aber auch, dass sie ohnehin nicht mehr die ganze Welt sehen können und dass Natur und Klima in Mitteleuropa einfach gesünder sind als in Ägypten.

In jeder Lebenslage stellt man kleine und große Weichen für oder gegen ein verantwortliches, zukunftsfähiges Verhalten. Sich dessen bewusst zu sein, ist der erste Schritt.

Nr.21

Der ökologische Fußabdruck -
Symbolik oder Wissenschaft?

Ist doch klar: Der ökologische Fußabdruck besagt, dass Konsum Umwelt verbraucht. Ein großer Fußabdruck belastet die Umwelt mehr als ein kleiner. Na und, war's das?

Nein. Der Ökologische Fußabdruck (ÖF) als Fachbegriff ist das Ergebnis ziemlich komplizierter Bewertungs- und Rechenprozesse. Erfinder: Wackernackel und Reed, 1994. Heute errechnet das „Global Footprint Network" jedes Jahr für mehr als 100 Länder den Fußabdruck aus den aktuell verfügbaren Daten. Die Zahlen würden hier langweilen, aber das Prinzip ist interessant und hat sich durchgesetzt. Und wird nachgeahmt, auch mit online-Rechnern für den persönlichen Fußabdruck.

Bild: Colin Behrens auf Pixabay

So geht's: In den Zeilen einer Tabelle stehen die 5 Konsumarten Nahrung, Wohnen, Mobilität, Güter und Dienstleistungen. In die 6 Spalten werden die Wald-, Acker-, Weide-, Siedlungs-, Wasser- und Energieflächen (CO_2-Aufnahmefläche) eingetragen, die die Konsumarten jeweils benötigen. Die Hektar-Angaben aus der Statistik werden umgerechnet in „globale Hektar – gha": das Flächenmaß für 100 m² Boden mit Welt-durchschnittlicher Produktivität / Fruchtbarkeit. So werden Länder und Einwohner*innen vergleichbar.

Die Summe der globalen Hektar der Konsumarten ist der Ökologische Fußabdruck der Welt bzw. eines Landes. Geteilt durch die Einwohnerzahl ergibt sich der ÖF pro Kopf. Deutschlands Fußabdruck beträgt 396,5 Mio. gha (2016).

Und was kann man nun damit anfangen?

Man kann den aktuellen ÖF mit dem von früher vergleichen: In Deutschland hat er sich verringert: 1979 war er bei 583 Mio. gha!

Oder man kann ihn mit dem ÖF anderer Länder vergleichen: Deutschland hatte 2016 den 8.-größten Fußabdruck der Welt, pro Einwohner*in lagen wir dagegen auf Platz 32.

Oder man kann den Fußabdruck mit der Biokapazität Deutschlands vergleichen: Verbrauchen wir mehr als wir haben? Wie groß sind überhaupt alle Acker-, Wald- und anderen produktiven Flächen in Deutschland zusammen? Umgerechnet auf globale Hektar ist das die Biokapazität Deutschlands. 2016 betrug sie 132,5 Mio. gha. Also 132,5 gha Kapazität gegen 396,5 gha Verbrauch (Fußabdruck).

Fazit: Unser Konsum braucht dreimal so viel Boden- und Wasserfläche wie in Deutschland vorhanden: Wir leben über unsere Verhältnisse. Übernähmen alle Menschen unseren Konsumstil, bräuchten wir 3 Planeten Erde!

Das liegt vor allem an der übergroßen Energiefläche des Fußabdrucks. Aber nicht nur: Ohne Acker- und Weideland im Ausland (Saldo aus Im- und Export) wäre der Konsum der Deutschen nicht möglich. Soja aus Brasilien, Palmöl aus Malaysia, Apfelsinen aus Spanien…

Einige Konsumelemente erfasst der ökologischen Fußabdruck allerdings gar nicht: Bio-Anbau, den Verzehr fossiler Ressourcen, die Risiken der Atomenergie z.B. Auch die Umrechnung des Energieverbrauchs in CO_2-Aufnahmefläche (Wald) ist diskussionsfähig.

Meine Meinung: Der ökologische Fußabdruck ist nicht das zwingende Ergebnis exakter Naturwissenschaft. Er ist aber ein sehr anschaulicher und plakativer Ausdruck für unsere planetaren Grenzen. Die wissenschaftlichen Unsicherheiten sind transparent und vertretbar. Wir Deutschen leben global gesehen auf dreimal zu großem Fuß. Auf Millimeter der Schuhgröße kommt es da nicht an.

Nr. 22

Zukunftsinvestitionen und die schwarze Null

Im März beschließt die Bundesregierung üblicherweise die Eckwerte des Bundeshaushalts für das nächste Jahr. Von hellrot, grün und dunkelrot schallt es: „Die schwarze Null muss weg! Sie verhindert Zukunftsinvestitionen."

Richtig ist: Kredite waren noch nie so günstig. Und Energie-, Verkehrs- und andere Wenden erfordern große Investitionen - und das bald. Aber: Nie hatte der Staat dafür so viel Geld.

Bisher galt: Eine Finanzpolitik, die nachfolgenden Generationen Zins und Tilgung von Schulden aufbürdet, die die heutige Generation aufnimmt und nutzt, ist nicht nachhaltig.

Seit 2011 müssen Bund und Länder deshalb die Schuldenbremse der Art.109, 115 Grundgesetz einhalten, ihre Haushalte also „grundsätzlich ohne Einnahmen aus Krediten ausgleichen". Für Konjunktureinbrüche, Naturkatastrophen und außergewöhnliche Notsituationen gibt es Ausnahmen - mit Tilgungsregeln.

Auch die Schuldenbremse muss weg? Mit Verlaub: Was hindert die Politik dann noch, jede schicke Idee, von Elbphilharmonie über BER-Flughafen bis Stuttgart 21 erst einmal aus Steuern zu finanzieren? Und dann die notwendigen Zukunftsinvestitionen – vom Klimaschutz über Bildung bis Armutsbekämpfung - zusätzlich auf Pump? (Oder die schicke Idee gleich zur notwendigen Zukunftsinvestition zu erklären.) Rückzahlung und laufende Betriebskosten werden den Nachfolgern überlassen.

Sehen wir genauer hin: Hamburg z.B. nimmt seit Jahren keine Kredite mehr auf, zahlt Schulden zurück - bezogen auf den „kameralen Kernhaushalt", d.h. die Ausgaben der Behörden und Staatseinrichtungen. Schuldenstand 2019: ca. 23 Mrd. € (ohne Pensionsrückstellungen und Wertverluste). Ist das nicht genug?

Rechnet man die vielen privatrechtlichen Unternehmen im Besitz der Stadt hinzu – von der Hochbahn über das Sondervermögen Schulbau bis zur Wohnungs-SAGA, dann steigt die Verschuldung auf knapp 34,4 Mrd. € (2018). Reicht das nicht? Wer zahlt das jemals zurück?

„Nachhaltige Entwicklung" ist dem Wesen nach langfristig, vorausschauend, vorsorgend. Bewahrt und pflegt aber auch Bestehendes und schont Ressourcen und Energie.

Auch wenn das Ziel – z.B. CO_2-Freiheit bis 2050 – klar ist: Die Wege dorthin und damit die notwendigen Zukunftsinvestitionen sind es noch nicht. Stichwort Verkehrswende: Mehr Straßen oder mehr Schienen? Straßenbahn oder U-Bahn? Wasserstoff, Batterie oder synthetische Kraftstoffe für LKW, Flugzeuge und Schiffe?

Meine Meinung: Wir brauchen eine offene Diskussion darüber, welche Investitionen wirklich zukunftsfähig sind. Dabei geht es auch um möglichst geringe Eingriffe in die Umwelt, um ein natur- und sozialverträgliches Leben. Um ein befriedigendes, aber genügsames Leben. Dazu gehören sicher auch finanzielle Spielräume für öffentliche Daseinsvorsorge und Vorsorge für die demografische Entwicklung.

Aber kein Überbietungswettbewerb um „innovative", Rohstoff-verschlingende Megaprojekte auf Kredit!

Schwarze Null und Schuldenbremse sind immer noch gesunde politische Barrieren gegen Verschwendung und das Immermehr. Und ein heilsamer Zwang zur Prioritäten-Diskussion über das wirklich Notwendige. Noch ist das Problem weniger der Mangel an Geld als der Mangel an Prioritäten - und an Fachkräften in Verwaltung und Wirtschaft!

Energie aus Biomasse – ein Hit mit Haken

Bioenergie ist CO_2-neutral. Sie gibt bei ihrer Nutzung nur das CO_2 wieder ab, das die Pflanzen zuvor durch Photosynthese aufnahmen. Bioenergie ist – anders als Wind und Sonne – speicherbar, grundlastfähig und damit als erneuerbare Regelenergie geeignet. Ein Hit für die Energiewende.

Foto: Jochen Schaft auf Pixabay

Und äußerst vielseitig: Aus Zuckerrüben und Stroh entsteht Bioethanol als Benzinzusatz. Aus Raps, Palmöl, pflanzlichen, tierischen und Altfetten wird Biodiesel. Mais, Gras, Dung, Garten- und Küchenabfälle vergären zu Biogas, ein Brennstoff für Blockheizkraftwerke zur Strom- und Wärmegewinnung. Als Biomethan kann Biogas fossiles Erdgas im

Netz ersetzen. Holz dient ebenfalls der Strom- und Wärmeproduktion – in privaten Pelletheizungen oder auch als Kohleersatz in Großkraftwerken.

In den letzten Jahren entwickelte sich die Bioenergie bei den Kraftstoffen positiv. Bei der Strom- und Wärmeerzeugung stagnierte sie.

Beim Stromverbrauch stammten 2018 37,8% aus erneuerbaren Energien. Biomasse hatte daran einen Anteil von 22,6%, hauptsächlich Biogas. Beim Wärmeverbrauch liegen die Erneuerbaren Energien insgesamt bei 13,9%, davon stammen 86% aus Biomasse, vornehmlich aus Holzpellets. Beim Verkehr liegt der Anteil der Erneuerbaren nur bei 5,6%, wovon Biokraftstoffe wiederum 88% ausmachen.

Soweit so gut, und wo liegt der Haken?

Zunächst in der Klimabilanz: Bei Anbau, Düngung und Nutzung von Energiepflanzen entsteht neben CO_2 vielfach Methan und Lachgas, starke Treibhausgase. Pro Kilowattstunde emittiert Bioenergie durchschnittlich 230g CO_2-Äquivalente; Photovoltaik z.B. nur 41 g.

Energiepflanzen wachsen auf Ackerböden, die auch dem Anbau von Lebens- und Futtermitteln dienen. „Tank oder Teller" benennt diese Nutzungskonkurrenz. Das Aufbrechen von Grün- oder Brachland in Ackerland für Energiepflanzen erzeugt viel Treibhausgas. Monokulturen von Raps oder Mais gefährden zudem die Biodiversität, Bodenfruchtbarkeit und bei starker Düngung das Grundwasser.

Besonders wenn artenreiche Regenwälder gerodet oder andere schutzbedürftige Flächen für die Biomasseproduktion in Anspruch genommen werden, sind die ökologischen und sozialen Wirkungen oft verheerend.

Um das zu vermeiden, beschloss die Bundesregierung 2009 Nachhaltigkeitsverordnungen für Biokraftstoffe und für die Stromproduktion aus Pflanzenölen (Raps, Palmöl, Soja). Ein Zertifizierungssystem schreibt eine CO_2-Einsparungsquote vor und soll vor allem den Urwald schützen. Ohne Zertifikat keine Förderung. Die Realität z.B. auf Borneo sieht oft anders aus.

Noch ein Haken der Bioenergie: die zunehmende Nutzung von Holz. Zwar ist Holz gesetzlich als erneuerbar anerkannt. Es wäre jedoch keineswegs nachhaltig, viele Jahrzehnte alte Wälder als wirksame CO_2-Senken zu zerstören, um Kraftwerkskohle durch Holzhackschnitzel oder Pellets zu ersetzen.

Weltweit wuchs die Produktion von Holzpellets von 2010 bis 2018 auf das 3,5-Fache. Wohl nicht durch eine vermehrte Nutzung von Rest-, Pflege- oder Altholz. Eher durch KUP – „Kurzumtriebsplantagen" schnell wachsender Bäume. Und durch das Fällen von Bäumen in US-amerikanischen und kanadischen Wäldern. Wo bleibt hier die Nachhaltigkeitsverordnung?

Rohholz und Energiepflanzen in Monokulturen machen Probleme; Bio-Abfälle und Reststoffe nicht. Ihre energetische Nutzung bleibt ein Hit.

Nr. 24

Resilienz: Widerstands- und Anpassungsfähigkeit

Corona lässt grüßen: War Deutschland vorbereitet auf die Epidemie? War / ist Deutschland ihr gegenüber „resilient"? Ein harter Test!

Ursprünglich ein Begriff der Materialkunde wird „Resilienz" vor allem in der Psychologie als „Immunsystem der Seele" diskutiert – und nun in der Nachhaltigkeitsforschung.

Der Kern ist banal: Gegen Risiken wappnet man sich. Gegen Energieausfall mit Notstromaggregaten, gegen Feuer mit Sprinklern, Feuerwehr und Brandschutz. Gegen Hochwasser mit Deichen, Sperrwerken, Rückhaltebecken. Gegen Epidemien ... das erleben wir gerade.

Resilienz ist immer auf bestimmte Gefahren oder Stressfaktoren bezogen. Es gibt unterschiedliche: solche, deren Eintritt man ausschließen will wie Feuer, und solche, deren Eintritt und Folgen kaum zu vermeiden sind und deren Folgen man minimieren will wie bei Klimawandel, Hochwasser, Epidemien.

„Resilienz" bedeutet einerseits Widerstandskraft, Robustheit: die Fähigkeit, den Ist-Zustand vor einem Angriff, einer Veränderung zu schützen. Andererseits bedeutet Resilienz aber auch Anpassungsfähigkeit: die Fähigkeit, aus Krisen zu lernen, das Unvermeidliche in Zukunft möglichst gut in unser Leben zu integrieren. Gemeinsam ist beiden Varianten das Ziel, Grundfunktionen der Gemeinschaft zum Wohle aller zu stabilisieren – gerade auch für zukünftige Generationen.

Und damit sind wir bei der Nachhaltigkeit – und bei einem Problem:

Widerstands- und Anpassungsfähigkeit stehen in einem Spannungsverhältnis: den Ist-Zustand verteidigen oder verändern?

Erderwärmung, Artenschwund und Rohstoff-Ausbeutung stellen uns vor große Probleme. Notwendig ist eine „große Transformation", eine Agrar-, Energie- und Mobilitätswende, also Veränderung. Diese kann kollidieren mit der Bewahrung, dem Schutz des Ist-Zustandes.

Z.B. Hochwasser-Vorsorge: immer höhere Deiche oder siedlungsfreie Überflutungsflächen? Z.B. Hitze-Vorsorge: mehr Klimaanlagen oder eine bessere Durchlüftung der Stadt durch Kaltluft-Schneisen? Z.B. Waldschutz: Wiederaufforstung oder unbeeinflusste Regeneration? Artenschutz: Blühstreifen am Feldrand oder Beschränkung der industriellen Landwirtschaft?

Auch auf soziale Risiken lässt sich dieses Spannungsverhältnis übertragen. Z.B. Resilienz gegen Zuwanderungsstress: hier Abschottung, dort Fluchtursachenbekämpfung. Wohnungsnot: hier Mietendeckel, dort Wohnungsbau. Infektionsschutz: hier Mundschutz, dort Beschränkung des öffentlichen Lebens. Gesellschaftliche Polarisierung: hier Transferleistungen, dort Bildungspolitik für Kinder aus benachteiligten Familien.

Und zur Resilienz der Wirtschaft gegen Globalisierungsrisiken: Staatskredite in Milliardenhöhe oder Kürzung und Rückführung der Lieferketten?

Das ist meist kein Entweder-Oder. Doch oft liegt der Spatz der kurzfristigen Verteidigung des Ist-Zustands näher als die Taube der langfristigen Strukturanpassung. Nachhaltiger, weil zukunftsfester und Ursachen-orientiert ist meist die letztere.

Doch halt! Resilienz gegenüber dem Klimawandel heißt nicht zuerst Klimaanpassung mit Hochwasser-, Hitze- und Dürrebekämpfung. Sondern nach wie vor: Klimaschutz, also die Verminderung der Treibhausgase als Ursache des Klimawandels. Resilienz fordert beides.

Nr. 25

Deutsche Importe und die Ausbeutung von Mensch und Natur

Der Welthandel: Ist er die Krone der Marktwirtschaft, win-win, Wohlstandsmehrung für alle? Oder trägt, wer Mode, Essbares oder Rohstoffe aus dem globalen Süden kauft, zur Ausbeutung von Mensch und Natur bei?

Die Außenhandels-Statistiken Deutschlands – vor der Corona-Krise - sind beeindruckend: Ein Gesamtumsatz (Im- und Export) von 2,4 Billionen € (2019) mit über 200 Partner-Ländern. Allein die Importe aus China betrugen über 109 Mrd. €, aus Indien gut 9 Mrd. €. Textilien, Lebensmittel und Rohstoffe haben dabei nur Wertanteile von jeweils unter 10% des gesamten deutschen Imports. Die Vielfalt der Importwaren ist kaum überschaubar.

Foto: Elchinator auf Pixabay

Doch was besagt das für unsere Ausbeutungs-Frage? Wohl nur eins: Für den umfangreichen Außenhandel Deutschlands bedarf es einer immensen Logistik, die Unmengen – meist fossiler - Energie verschlingt. Und mehr noch verschlingt die Produktion der Waren: eine gigantische „Ausbeutung" von Ressourcen.

Dabei werden in den Exportwirtschaften unserer Handelspartner immer wieder Menschen Opfer: Furchtbar war der Einsturz des Rana Plaza 2013 in Bangladesch. Hunderte Näherinnen auch für deutsche Modefirmen starben. Teefarmen im indischen Assam zahlen Hungerlöhne. In Brasilien verlieren indigene Völker ihre Heimat durch Brandrodung des Urwalds für neuen Sojaanbau. Pestizid-Einsätze aus der Luft vergiften Arbeiter*innen in Bananenplantagen in Ekuador. Kinder werden ausgebeutet in der indischen Steinindustrie für den Export und beim Kakao-Anbau in der Elfenbeinküste.

Muss man das verallgemeinern? Klar ist, dass deutsche Importeure nicht zufällig in China und armen Ländern einkaufen: „Komparative Kostenvorteile" nennen sich Hungerlohn & Co.

Nicht immer, aber auch nicht ganz selten, fordert die Exportwirtschaft im Süden auch Umwelt-Opfer: Der Baumwoll-Anbau für Textilien braucht viel Wasser und Pestizide und ruinierte z.B. den Aralsee in Usbekistan. Die Goldgewinnung in Südamerika vergiftet Flüsse und Landschaften mit Zyanid und Quecksilber. Das Färben von Textilien in Indien verseucht Flüsse. Unfälle von Tankern und Bohrplattformen haben zigtausend Meeresbewohner vernichtet. Der Dammbruch und die Schlammlawine des brasilianischen Export-Konzerns Vale im Januar 2019 töteten über 240 Menschen und kontaminierten die Umgebung.

Immer wieder geschehen Unfälle und Umweltkatastrophen, nicht nur in armen Exportländern. Unklar bleibt, was das importiere T-Shirt, der Goldring, das Eisen-Werkzeug konkret mit Ausbeutung zu tun hat.

Nicht jede Importware beruht auf Ausbeutung. Unsere Importe schaffen auch wichtige Arbeitsplätze, Entwicklungsmöglichkeiten und Volkseinkommen in den Exportländern.

Entscheidend sind die Verträge zwischen den Staaten und zwischen den Unternehmen über Arbeitsbedingungen, Löhne und Umweltstandards. Zuständig dafür ist in erster Linie das Exportland bzw. der Hersteller. Aber auch die deutschen Auftraggeber und Importeure tragen eine Mitverantwortung.

Meine Meinung: Als reiches Importland müssen wir beim Schutz von Mensch und Umwelt im Welthandel vorangehen. Es gibt Beispiele – vom Transfair-Siegel bis zum grünen Knopf. „Geiz-ist-geil" läuft dem jedoch zuwider. Ein Lieferkettengesetz könnte Mindeststandards für Menschrechte setzen, Haftung klären und die Transparenz in Lieferbeziehungen steigern.

Freiwillig?
Manchmal werde ich lieber gezwungen!

Erfahrungen aus der Corona-Krise, auch für die Nachhaltigkeits-Transformation:

Nachhaltiger, klimafreundlicher leben? Bitteschön, kein Problem. In der Stadt Fahrrad fahren, die Heizung auf 20 Grad absenken, weniger Fleisch essen usw. Jede*r kennt das. Nichts hindert, es zu tun. Nur Bequemlichkeit, Gewohnheit, die Lust darauf, der Spaß daran.

Auch Unternehmen können – außer in der Corona-Krise vielleicht - nachhaltiger produzieren oder dienstleisten. Rohstoffe effizienter nutzen, weniger Abfall produzieren, Energie einsparen, auf Solar- und Windstrom setzen usw. Niemand hält sie davon ab. Aber sie müssten sich mit neuen Techniken und Verfahren, mit Langfristperspektiven, Förderanträgen und Steuergesetzen auseinandersetzen. Es geht ja auch um Kosten, Gewinnerwartungen und Wettbewerbsfähigkeit.

Was habe ich davon, freiwillig auf Komfort zu verzichten, Gewohnheiten aufzugeben, mir Arbeit zu machen, Risiken einzugehen? Z.B. für 800 km mehrmals zeitraubend elektrisch zu tanken statt 1 mal kurz Benzin? Nur das erhabene Gefühl eines Pioniers?

Manchmal gewinne ich auch die Erfahrung, mit dem Fahrrad zuverlässiger und gesünder ans Ziel zu kommen als mit Auto oder Bus. Oder den Genuss neuer geschmackvoller Gerichte ohne Fleisch. Oder die Ersparnis von Energie- und Rohstoffkosten. Oder eine ganz neue Motivation der Mitarbeiter*innen und neue Absatzchancen. Aber: Ich muss dazu etwas ändern, muss mich bewegen, muss Neues wagen.

Und meine Nachbarn und Konkurrenten? Die sparen sich das. Die brauchen sich nicht zu bewegen. Ist ja freiwillig.

Perspektivwechsel: Staat und Politik sollten drohende Probleme für die Bevölkerung frühzeitig erkennen. Und angehen - so wähler- und freiheitsfreundlich wie möglich und so wirksam wie nötig, um das Problem zu lösen.

Vom Gewicht des Problems hängt es ab, wie wirksam Politik es zu lösen versucht. Besonders Wichtiges stellt sie unter Strafrechtsschutz. Um die Bevölkerung vor tödlichen Infektionen zu schützen, ordnet sie Quarantänen an, erlässt Impfpflichten, lässt Tiere töten. Um Verkehrsunfällen vorzubeugen, unterwirft sie alle Verkehrsteilnehmer*innen Regeln, deren Missachtung sanktioniert wird. Das Gemeinwohl beschränkt individuelle Freiheit.

Und wie wichtig sind der Politik Klimawandel, Artenschutz, die Erschöpfung endlicher Rohstoffe, die ökologischen und sozialen Folgen unserer Lebensweise für Menschen im „globalen Süden", Nachhaltigkeit also? Ein bisschen wichtig: Es werden Rahmenbedingungen gesetzt. Es erscheint vernünftig, sich freiwillig nach ihnen zu richten. Lenken statt verbieten. Preisanreize z.B.: Flüge etwas teurer, Bahnfahren etwas billiger. Aber wer partout lieber fliegt von Hamburg nach Frankfurt und es sich leisten kann? Klimaschutz? Ist doch freiwillig.

Nein, ich will gezwungen werden. Durch bindende Vorgaben für alle – „Ordnungsrecht" heißt das. Sonst bleibt offen, ob das Problem überhaupt gelöst wird. Ich will nicht den Verzichts-Pionier spielen, wenn andere sich um die drohenden Probleme nicht scheren müssen. Ich hätte gerne ein Verbot von Inlandsflügen, ein Veggiday-Gebot für Kantinen, PKW-Beschränkungen für die Innenstadt, aber auch ein Verbot für Müllexporte und einiges mehr - für alle gleich (mit wenigen Ausnahmen). Freiwilligkeit als Prinzip ist nicht zielführend, es ist zu oft ein mutloses „Kneifen" zulasten der Zukunft und späterer Generationen.

Nr. 27

Digital, nachhaltig und frei?

Schule in der Coronakrise: mit Smartphone und Laptop. Medizin 4.0: MRT, OP-Roboter da Vinci. Energie: virtuelle Kraftwerke aus dezentralen erneuerbaren Quellen, digital vernetzt und gesteuert. Mobilität: Algorithmen für Sharing-Dienste, digitale Signaltechnik für dichtere Zugfrequenzen. Verwaltung: digitaler Zugang statt Fahrten zum Amt. Alles süße Früchte der Digitalisierung.

Also alles gut? Digitale Technologie ist nur ein Mittel, ein Werkzeug. Die Zwecke sind entscheidend – und die Folgen.

Auch tödlich-zielgenaue Drohnen-Waffen, Cyber-Kriminalität mit unzähligen Opfern, eine ausgefeilte Überwachungs-Infrastruktur, das „Social Scoring" in China mit vernetzter Gesichtserkennung – auch das sind Früchte der Digitalisierung, die bitteren.

Allen Früchten gemeinsam aber sind die Wachstumsbedingungen: Ob Streaming, 5G, Clouds, Big Data oder autonomes Fahren – digitale Technologie ist an immense Rechnerkapazitäten gebunden. Die Hardware ist ohne Unmengen

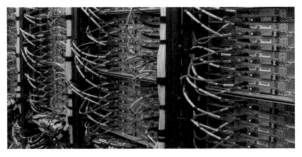

Foto: dlohner auf Pixabay

an Rohstoffen und Energie nicht zu bekommen. Und der Strom-Durst der Anwendungen ist oft unersättlich.

Ein Beispiel: Das neue 5G-Mobilfunknetz erfordert wegen geringerer Reichweite ca. 750.000 bis 800.000 neue Sendeanlagen in Deutschland, in Orten alle 100 bis 150 m. Beim UMTS- und LTE-Netz genügten noch 60.000 Sendemasten. Alle aus Stahl, Kupfer usw.

Noch ein Beispiel: Die Blockchain-Technologie erfordert riesige Serverfarmen. Und allein die Anwendung Bitcoin verbraucht mehr Strom als die Schweiz (58 TWh/J.) – meist aus Kohle. Bitcoins sind globale Klimakiller.

Das Smartphone als digitaler Zauberstab enthält ca. 60 Materialien – Kupfer, Gold, Paladium, Tantal, Indium usw. Auch Rohstoffe aus Minen mit unannehmbaren sozialen und ökologischen Bedingungen – etwa Kobalt aus dem Bürgerkriegsland Kongo. Wird so ein Handy meist nach 18 Monaten durch ein neues ersetzt, verschwindet der Elektroschrott oft in der Schublade, Rohstoffe perdu.

Und Nachhaltigkeit ist noch mehr als Ressourcen- und Klimaschutz, z.B. Teilhabe, Gleichstellung, Selbstbestimmung.

Wer bestimmt eigentlich die Zwecke für den Einsatz der Digitaltechnik? Wer schützt uns vor den elektromagnetischen Feldern von 5G, vor Missbrauch unserer personenbezogenen Daten, vor Ausgrenzung und Diskriminierung beim Zugang zum digitalen Paradies?

Meine Meinung: Die digitale Revolution kommt über uns. Ungefragt. Der Markt verlangt es. Privatwirtschaftliche Monopole sind innovativ, suchen Geschäftsmodelle und werben für immer neue Dienste, Apps und Produkte. Der Konsument bezahlt mit Daten, um dann personalisiert umworben zu werden.

Will ich das eigentlich? Es geht ja nicht nur um Produkte, es geht auch um selektive Informationen, sogar um Wahlbeeinflussung. Ich will aber nicht nur mit meinem gespiegelten Selbst (meinem „Profil") angesprochen werden, sondern auch noch Neues, Überraschendes entdecken…

Ich nutze einen Laptop, browse mit Firefox, e-maile, suche mit Ecosia und telefoniere im Festnetz. Wenn ich unterwegs bin, will ich nicht gestört werden. Ein Smartphone brauche ich nicht und Facebook & Co auch nicht. Ich weiß: nicht mehr lange, dann geht ohne Handy-Apps und QR-Code nichts mehr. Corona zeigt es. Aber heute bin ich noch so frei…

Die Sache mit dem Ökostrom

2019 stammte der in Deutschland verbrauchte Strom zu 47,3% aus CO_2-freien, erneuerbaren Energieträgern – Wind, Biomasse, Photovoltaik, Wasser.

Ob Blockheizkraftwerke mit Kraft-Wärme-Kopplung Ökostrom erzeugen, ist (eigentlich) nur abhängig vom Brennstoff. Ob Strom aus Biomasse – Pflanzen, Abfall, Biogas, Holz – nachhaltig ist, ist ein anderes Kapitel.

Überall fließt derselbe Strom aus der Steckdose, europaweit - völlig egal, ob ich nun einen Ökostromtarif bei Hamburg Energie habe oder einen Grundversorgungstarif bei Vattenfall.

Der wachsende Öko-Anteil am Strom ist nicht den Stromkunden und Versorgern zu danken, sondern dem Erneuerbare-Energien-Gesetz (EEG). Das verpflichtet die Netzbetreiber, Ökostrom vor Kohlestrom ins Netz zu lassen und dessen Erzeugern festgelegte Einspeisevergütungen zu zahlen. Dafür kassieren sie den Verkaufspreis an der Strombörse und die EEG-Umlage, die alle privaten Stromkunden zahlen.

Das hilft dem Stromversorger, dem Stadtwerk: Für die EEG-Umlage, die die Stromkunden in seinem Versorgungsgebiet zahlen, wird ihm – nicht dem Kunden! - rein rechnerisch eine entsprechende Menge EEG-Ökostrom zugeordnet. Damit darf er werben, z.B. dass sein Strommix zu 45% aus „Erneuerbaren Energien – *gefördert nach EEG*" besteht. Das dürfen auch Versorger, die sich von den großen Energieunternehmen hauptsächlich mit Atom- und Kohlestrom beliefern lassen. Verboten sind aber Kundendirektverträge über diesen EEG-geförderten „Ökostrom".

Solche Endkundenverträge sind nur zulässig über Strom mit Herkunftsnachweis - aus Wasserkraftwerken in Norwegen oder der Schweiz z.B. Auch nur scheinbar: Nach EU-Recht erhält das Wasserkraftwerk für jede Megawattstunde einen Herkunftsnachweis für Ökostrom. Dieses Zertifikat ist handelbar, auch ohne dass tatsächlich eine Stromlieferung erfolgt. Kauft ein deutscher Versorger solche Nachweise, darf diese Strommenge vom Erzeuger nicht mehr als Ökostrom behandelt werden. Der deutsche Versorger aber darf damit werben: mit „Erneuerbaren Energien - *nicht EEG-gefördert*".

Und warum soll ich nun „zu Ökostrom wechseln"? (Schon die Wortwahl offenbart das Missverständnis.) Wenn ich damit den Ausbau von Ökostrom doch gar nicht fördere?

Hier kommen die Siegel / Label für Ökostromprodukte wie „grüner Strom", „ok-power" oder TÜV-Zertifikate ins Spiel. Solche Zeugnisse bekommen z.B. Energieversorger, die ausschließlich Ökostrom anbieten und auch keine Beteiligungsbeziehungen zu Atom- oder Kohlestromerzeugern haben. Und solche, die den Ökostrom selbst produzieren oder real aus erneuerbaren Quellen beziehen.

Zur Unterstützung der Energiewende fordern manche Siegel, dass die Versorger einen Anteil des Strompreises in Förder-Maßnahmen investieren. 0,3 - 0,5 Cent pro Kilowattstunde sollten es schon sein. Für neue Erzeugungsanlagen, Speichertechnik oder „virtuelle Kraftwerke".

Und schließlich muss der an die Endkunden verkaufte Ökostrom mengenmäßig dem eingekauften / selbst erzeugten Ökostrom entsprechen - übers Jahr. Eine auch zeitgleiche

Ein- und Ausspeisung von Ökostrom ist dagegen Illusion: Bei „Dunkelflaute" muss Ersatzenergie her. Die kurzfristige von der Strombörse ist immer „Graustrom", also nicht öko…

Muss Ökostrom so kompliziert sein, so intransparent? Wann endlich gibt es nur noch Öko-Strom?

Nr.29

Vom roten Punkt zur share economy

Vor 50 Jahren: Ein roter Punkt am Auto hieß: Ich nehme Leute mit – auch in der Stadt. Am Schwarzen Brett der Uni hing: „MFG gegen BKB" (Mitfahrgelegenheit gegen Benzinkostenbeteiligung). Und an jeder Autobahnauffahrt und –raststätte standen die Tramper. Junge Leute sparten Geld. Teilen, Nachhaltigkeit, Ressourcenschonung? Kein Thema.

Foto: Stocksnap auf Pixabay

Heute heißt es: Ridesharing, Ridepooling, Carsharing – in Großstädten only. Auf dem Land ist Teilen wie eh und je: Nachbarschaftshilfe.

Ressourceneffizienz und Nachhaltigkeit sind nun Grundlage für alternative Geschäftsmodelle der Autokonzerne. Wie viele Privat-PKW ersetzt ein Carsharing-Auto? 8-20 bei stationärem Angebot, sagt der Bundesverband. Hoffentlich! Wie viele Personen-km mit einem Verbrenner spart ein elektrischer Moia-Bus in Hamburg? Aber auch: wie viele Fahrten mit dem öffentlichen Nahverkehr verdrängt er?

Sharing - ein großer neuer Markt. Es geht um Einstiegsinvestitionen in Millionenhöhe, um Wachstum, Wettbewerb, Gewinn. Einige Vermittler werden dank Smartphone und Algorithmen zu globalen Marktbeherrschern:

Gebrauchtwaren aller Art bietet E-Bay – Umsatz 2019: 10,8 Mrd. $. Personentransporte im eigenen PKW ermöglicht Uber – Umsatz: 3,8 Mrd. $. Private Unterkünfte vermittelt Airbnb – Umsatz: 2,6 Mrd. $. Second-hand-Kleidung gibt es bei Kleiderkreisel bzw. Vinted – Umsatz: 1,3 Mrd. €. Die Geschäfte sparen Ressourcen durch längere Nutzung, Müllvermeidung, bessere Auslastung, weniger Hotel-Neubauten. Digital optimierte ökologische Nachhaltigkeit.

Und Netflix, Instagram, Spotify? Beim Streaming und elektronischen „Teilen" spart man zwar DVDs, verbraucht aber oft viel Energie.

Die share economy bietet viele Vorteile und neue Möglichkeiten, auch solche für einen nachhaltigeren Konsum. Doch letztlich sind die allermeisten Geschäftsmodelle der share economy in erster Linie das, was alle Geschäftsmodelle sind: Ideen und Formen der Gewinnerzielung. Für die Vermittler / Plattformbetreiber und für die Anbieter. Das ist legitim, aber keineswegs immer nur nachhaltig.

Die Probleme mit Airbnb und Uber zeigen das deutlich: Der Arbeitnehmerschutz ist in Gefahr. Nutzer verlieren Sicherheit und Haftung. Quasi-gewerbliche Airbnb-Vermietungen verdrängen Dauer-Wohnraum in der City. Plattformbetreiber handeln mit Nutzerdaten. Und fällige Steuern aus Share-Geschäften werden nicht immer gezahlt.

Meine Meinung: Mit dem Übergang vom Privaten zum Kommerziellen hat Teilen irgendwie Charme und Nächstenliebe eingebüßt. Sharing economy vervielfacht Nachhaltigkeit, missbraucht sie zuweilen aber auch als Alibi.

Aber: Das private, das gemeinnützige Teilen hat überlebt: Gerade in Seuchen- und Notzeiten blühen Nachbarschaftshilfe, Freundschaftsdienste und viele kleine lokale Initiativen: Von den selbstlosen Tafeln und Essensrettern, den Repair-Cafés mit den Werkzeugen und Experten, über Garagen-Flohmärkte, die solidarische Landwirtschaft bis zum geteilten Schrebergarten und zur Werkzeugleihe beim Nachbarn. Wer will, guckt bei „nebenan.de".

Was uns vielleicht noch fehlt: mehr Mut und das Bewusstsein dafür, dass Teilen weder ein Almosen ist noch notwendig ein Gegenseitigkeitsgeschäft. Sehen wir es doch einmal so: Wer gibt - mit oder ohne roten Punkt -, nimmt seine Nachhaltigkeits-Verantwortung wahr, wer nimmt, unterstützt dabei.

Corona-Krise in der Wendezeit

Die Corona-Krise weicht jetzt im Mai ganz allmählich zurück und gibt wieder den Blick frei auf die globalen Nachhaltigkeitskrisen. Welche Pandemie-Erfahrungen können wir nutzen für die sozial-ökologische Transformation, für die 2015 beschlossenen Nachhaltigkeitsziele der UNO-„Agenda 2030"? Oder können wir alle gar nicht schnell genug zurück in die alte Spur? Weiter so wie vorher, war doch super?

Sicher: Wer seine Existenzgrundlage verliert, muss erst einmal überleben, durch schnelle Zuschüsse, Kredite. Und wer im Gesundheits-, Pflege- und Erziehungssektor an die Leistungs- und Gesundheitsgrenzen geriet, braucht erst einmal Entlastung.

Aber dann? Hat die Corona-Krise nicht etwas verschoben in der Abwägung von wichtig und nachrangig? Von möglich und unmöglich? Von „Systemrelevanz"?

Bei den Nachhaltigkeits-„Säulen" Umwelt - Soziales - Wirtschaft dominierten vor Corona meist die ökonomischen / finanziellen Sachzwänge über die sozialen und ökologischen Ansprüche. In der Corona-Krise dominieren die sozialen / gesundheitlichen Aspekte. In diesem Ausmaß ist das neu. Das Los der ganz „normalen" Menschen, ihre Risiken, Belastungen, Ängste, trieben und treiben die Politik vor sich her – auch zulasten der Volkswirtschaft.

Und das ist erst einmal gut so: Stellt die Corona-Krise nicht gerade das kostengetriebene Globalisierungsmodell mit seinen unüberschaubaren Lieferketten in Frage? Und das „alternativlose" Wachstumsmodell des Immermehr und Immerschneller mit seinen ökologischen und sozialen Kollateralschäden? Und war nicht gerade der grenzenlose ressourcenverschlingende Massentourismus ein Komplize der Pandemie?

Wie wäre es mit einer Besinnung vor dem Neustart? Besinnung auch auf eine für manche wohltuende Entschleunigung, auf den Rückgang der CO_2-Emissionen, auf die Ruhe um Flughäfen und in den Straßen? Und auf das, was „nachhaltiges Wirtschaften" ist: die Versorgung der Menschen mit wichtigen Gütern und auskömmlichen Arbeitseinkommen bei wirksamem Schutz der Lebensgrundlagen.

Der Neustart mit einem milliardenschweren Erholungsprogramm muss in die Zukunft, auf Resilienz und Vorsorge gerichtet sein. Nicht zurück auf die Fortsetzung schädlicher und riskanter Entwicklungen.

Konkret: Wenn der Bund die Lufthansa mit 10 Mrd. € Steuergeld rettet, ist es seine Pflicht, damit auch Nachhaltigkeits-Forderungen für das Gemeinwohl umzusetzen. Etwa durch eine Reduktion der Inlandsflüge, eine Politik der Mobilitäts-Versorgung statt des Wachstums, Investitionen in synthetische Kraftstoffe.

Eine zweite Abwrackprämie auch zum Neukauf fossil betankter Autos würde die Chancen des Neuanfangs verfehlen. Es wäre ein Weiter-so in die falsche Richtung.

Die Digital-Wirtschaft braucht keine Rettung. Die Krise machte sie zum Gewinner: Hard- und Software für home office, Videokonferenzen, home schooling. Skypen, Podcasts, Youtube und Streamingdienste verbinden, informieren und unterhalten die Nation. Nutzen wir ihre Vorteile für die

Nachhaltigkeit auch in Zukunft - nicht immer, aber immer wieder: mit der Einsparung von Ressourcen und Emissionen, von Raum, Transportkapazitäten, fossilen Brennstoffen.

Allerdings: Die Digital-Wirtschaft muss sich noch einer harten Energie-Diät unterziehen, die mit Öko-Strom auskommt. Und die Politik muss für gleiche digitale Chancen in der Gesellschaft sorgen. Warum die unverhofften Gewinner nicht auch finanziell daran beteiligen?

Die zweite Nachhaltigkeits-„Säule": das Soziale. Die Pandemie zeigte es: Verkäuferinnen, Altenbetreuer, Busfahrerinnen sind ebenso systemrelevant wie Pflegerinnen, Paketfahrer und Erzieherinnen. Der Respekt und die Anerkennung für sie alle müssen anhalten. Sie sollten sich in Zukunft in Tarifverträgen und Betriebsvereinbarungen mit verbesserten Arbeitsbedingungen und Löhnen niederschlagen. Bereitschaft dazu könnte zur Auflage bei staatlichen Hilfs- und Fördermaßnahmen an die Institutionen und Unternehmen werden.

Im Bildungsbereich verstärkte die Krise die Benachteiligung von Kindern aus armen und bildungsfernen Familien sowie von Alleinerziehenden. Die Schulen müssen auch ihnen die notwendigen technischen Lernmittel und bei Bedarf Förderungen anbieten. Der langsame Übergang von der Krise zur Normalität sollte gezielt Ungleichheiten abbauen.

Im Gesundheitsbereich offenbarte die Corona-Krise Strukturfehler. Wie es seit langem eine „strategische Ölreserve" gibt, so müssten zur Epidemievorsorge medizinische FFP2-Masken für alle, bestimmte Medikamente, Tests und Impfdosen für den Notfall von Staats wegen eingelagert werden.

Foto: Alexandra Koch auf Pixabay

Eine großzügige öffentliche Wiederanschub-Finanzierung privater Krankenhäuser sollte mit einer Verbesserung der Versorgungsstruktur und einer Überprüfung der Fallpauschalen-Vergütung verbunden werden.

Die dritte Nachhaltigkeits-Säule, die Umwelt und ihre Beschützer, halten sich bisher eher vornehm zurück. Aber warum eigentlich? Hat die Epidemie uns nicht ein neues Gefühl gegeben für kritische „Kipp-Punkte", für gebotene Entscheidungen trotz unsicherer Datenlage, für staatliche Eingriffe, wo der Markt versagt?

Beim Klima-, Ressourcen- und Artenschutz ist sich die Wissenschaft grundsätzlich einig, vielleicht einiger als bei der Corona-Pandemie. Auch im Klimaschutz drohen sich selbst verstärkende unbeherrschbare Zustände. Z.B. wenn die Erderwärmung den Permafrost Sibiriens oder den Eisschild Grönlands auftaut. Oder wenn die Zerstörung der Urwälder den regionalen Wasserkreislauf stoppt.

Die Politik muss die Umwelt- und Klimawissenschaft ebenso ernst nehmen wie gegenwärtig die Virologen und Epidemiologen. Und ebenso beherzt handeln:

Schneller Kohle-Ausstieg, drastischer Ausbau der erneuerbaren Energien, Umstellung auf rohstoffsparende und abfallarme Produkte. Daneben braucht es Speicher- und Wasserstoff-Technologien, auch zur Vorsorge. Dazu natürlich Klimaanpassungsmaßnahmen. Und nicht zuletzt fordern Biodiversität, Arten- und Tierschutz Naturschutzmaßnahmen und eine europäische Agrarwende.

Die Corona-Krise hat für die Menschen den Wert von Grünflächen, Parks und Spielplätzen drastisch erhöht. Er sollte nicht wieder vergessen, sondern gut gepflegt werden. Auch hier gibt es Ansatzpunkte für arbeitsbeschaffende Förderprogramme, für Biotop-Verbünde z.B.

Auch wenn Unternehmensverbände einen größeren staatlichen Einfluss vehement ablehnen: Die Corona-Krise und ihre Folgen werden mit sehr viel Steuergeld bewältigt. In einem demokratischen Staat gibt das durchaus Gelegenheit, politische Ziele, die Markt und Wettbewerb nicht erreichen, auch über staatliche Förderungs-, Investitions- bzw. Rückzahlungsbedingungen anzusteuern. Die UN-Agenda 2030, die Klimabeschlüsse von Paris, der „Green Deal" der EU und die deutsche Nachhaltigkeits- und Kohleausstiegs-Strategie werden die Corona-Krise überstehen. Sie bleiben die Leitplanken für den Wiederaufbau der Wirtschaft und den Übergang in eine neue, nachhaltigere Zeit.

Nr. 31

Geburtenrate und planetare Grenzen

Es ist Mai, der Wonnemonat mit den Frühlingsgefühlen. Anlass, über Fruchtbarkeit nachzudenken.

Je mehr Menschen die Erde bevölkern und je größer ihr Wohlstand, desto eher überschreiten wir alle zusammen die Kapazitäten der Erde. Denn die sind endlich.

In Hamburg freuen wir uns über steigende Geburtenzahlen. Die deutsche Fruchtbarkeitsrate liegt 2018 bei 1,57 Kindern pro Frau. (2,1 würden den Ist-Zustand erhalten.) Anders ist das global: Mit 2,4 Kindern pro Frau wächst die Weltbevölkerung weiter, um 78 Mio. jährlich, auf 7,75 Milliarden 2019. Dreimal so viel wie 1950. Für 2050 rechnen die UN mit einer Weltbevölkerung von 9,7 Milliarden.

Nicht die bevölkerungsreichsten Staaten China (1,6 Kinder pro Frau), Indien (2,45) oder die USA (1,87) sind die Treiber dieser Entwicklung, sondern Nigeria (201 Mio. Einw., Geburtenrate: 5,13) und die meisten anderen Staaten Afrikas. Bis 2100 wird sich die afrikanische Bevölkerung nach Berechnungen der UNO auf fast 4,5 Mrd. mehr als verdreifachen.

Gemeinsam ist den meisten afrikanischen Staaten neben der Fruchtbarkeit: die Armut, die geringeren Bildungsmöglichkeiten und die prekäre gesundheitliche Versorgung. Viele Länder gehören zu den „least developed countries". Man gönnt ihnen von Herzen ein Wirtschaftswachstum (und ein gutes Regieren), das allen Einwohner*innen ein Leben in materieller Sicherheit ermöglicht.

Foto: Ian Ingalula auf Pixabay

Aber bei Fortsetzung des Bevölkerungswachstums und einem Wohlstand ähnlich dem in Europa oder Nordamerika bekäme die Menschheit sicher noch in diesem Jahrhundert ernste Probleme. Immerhin sieht die UNO für Afrika einen Rückgang der Fruchtbarkeit voraus. Aber auch eine höhere Lebenserwartung und höchste Wachstumsraten der Wirtschaft. Das war allerdings noch vor der Corona-Pandemie.

Meine Meinung: Die Fruchtbarkeitsrate Afrikas darf bei der Einhaltung der planetaren Grenzen ebenso wenig tabu sein wie der ökologische Fußabdruck des reichen Nordens. Beide sind zu hoch. Die Entwicklungspolitik Nord-Süd wie auch die nationale Politik in Afrika sollten kurzfristig durch freien Zugang zu Verhütungsmitteln ungewollte Schwangerschaften (und Abtreibungen) minimieren.

Langfristig führen nur eine bessere Bildungs-, Gesundheits- und Nahrungsversorgung „automatisch" zu einem Geburtenrückgang. Für die EU heißt das z.B. aber auch, lokale Märkte in Afrika nicht durch eine erzwungene Öffnung für billige Exporte aus Europa zu zerstören. Unsere Entwicklungspolitik (Nord) muss den eigenen ökologischen Fußabdruck – auch in Afrika - reduzieren. Solange unser Lebensstandard drei Planeten Erde benötigte, wenn alle Menschen ihn übernähmen, solange haben wir jedenfalls kein Recht, allein die Fruchtbarkeit der afrikanischen Frauen für die Bedrohung der planetarischen Grenzen verantwortlich zu machen. Balken und Auge…

Nr.32

Wir Obsoleszenz-Komplizen

Fremdwörter meide ich ja lieber. Aber wenn sie neugierig machen... Obsoleszenz ist ein Fachbegriff aus der Konsumgüterwelt: der Verlust der Funktion, das Ende der Nutzung - ein Produkt ist „obsolet" geworden:

Das alte Smartphone verschwindet in der Schublade. Die Waschmasche wird entsorgt, weil eine Reparatur „nicht mehr lohnt". Der altmodische Sessel kommt zum Sperrmüll.

Die Rohstoffe in der ausrangierten Sache sind verloren. Nur selten werden Konsumgüter wieder verwendet – etwa Möbel in Second-hand-Kaufhäusern. Oder stofflich verwertet – etwa Autobleche. Die meisten Produkte werden zerkleinert, verbrannt, vernichtet. Egal, ob sie noch funktionsfähig bzw. reparierbar waren. Stichwort: Retouren von online-Käufen. Nachhaltig? Eher Ressourcenverschwendung.

Viel diskutiert: „geplante Obsoleszenz", der absichtliche Einbau einer Schwachstelle in ein Produkt, damit der Kunde es nach Ablauf der Gewährleistung möglichst bald durch ein neues ersetzt. „Was ewig hält, bringt kein Geld".

Belastbare Beweise für geplante Obsoleszenz fand allerdings auch das Umweltbundesamt nicht. Indizien aus der Alltagserfahrung schon: Warum hat ein Gehäuse unlösbare Schnappverschlüsse? Warum sind die Einzelteile verklebt? Warum ist der Akku fest im Laptop eingebaut? Warum braucht man zum Öffnen des Geräts Spezialwerkzeug usw. usw.?

Aber Obsoleszenz muss gar nicht technisch, sie kann auch psychologisch sein: Mein orange-braun-gelber Sofabezug ist so was von out, da kann ich keinen Gast mehr darauf setzen. Also ein neues Ledersofa, einfarbig. Ein Neuer Stoffbezug wäre wohl möglich, aber auch nicht billig…

Oder das Smartphone: schon 2 Jahre alt. Geht noch, aber die neue Generation hat eine bessere Kamera, neuen Schnickschnack, ist einfach angesagt. Das macht uns zu „Obsoleszenz-Komplizen". Hässliches Wort, zugegeben.

Bleiben wir lieber bei Produkten, die weniger der Mode unterliegen. Bei denen wir erst einmal möchten, dass sie lange halten: Autos, Waschmaschinen, Fahrräder, Werkzeug.

Auch ohne selbst nachzuhelfen, kennen die Hersteller Nutzungsdauer bzw. Leistung aus Erfahrung. Daran richten sie die Qualität des Produkts aus. Das kann sinnvoll sein: Ein PKW, der dank einer aufwendigen Verarbeitung 1 Mio. km schaffen würde, aber nach 150.000 km in die Schrottpresse kommt, weil er viel zu viel Benzin säuft, verbraucht zu viel Ressourcen. Rohstoffe hier, CO_2 da. Also „so haltbar wie nötig" statt „so haltbar wie möglich".

Auch die „normalen" Nutzungszeiten geben wir Konsumenten vor. Je länger diese sind, desto besser werden Rohstoffe ausgenutzt, desto weniger Müll entsteht. Desto länger sind aber auch die Innovationszyklen.

Billigwaren z.B. bei Werkzeugen, Fahrrädern, Uhren haben meist eine kurze Nutzungsdauer und sind kaum zu reparieren. Das ist Verschwendung, Obsoleszenz-Komplizenschaft. In Qualitätsprodukten dagegen sollten Verschleißteile preisgünstig ausgetauscht bzw. repariert werden können. Nicht nur vom teuren Profi oder im seltenen Repair-Café.

Meine Meinung: Brauche ich überhaupt etwas Neues? Leihe ich es mir besser – im Falle seltener Nutzung? Wenn nicht: Kann ich selbst oder ein Bastelfreund Einzelteile reparieren? Wie lange gibt es Ersatzteile, Updates?

Und wenn das Smartphone obsolet wird: vielleicht mal ein Fairphone oder Shiftphone? Modular aufgebaut, reparaturfreundlich, geprüfte Lieferketten. Nachhaltig(er).

Nr. 33

Wasserstoff – ein Joker für die Energiewende

Nationale Wasserstoffstrategie: Politik und Wirtschaft träumen wieder von einer globalen Marktführerschaft Deutschlands. Das halbe Hamburger Kohlekraftwerk Moorburg soll einmal mit „grünem Wasserstoff" laufen.

Wasserstoff - H_2 - ist ein Gas voller Energie, CO_2-frei herstellbar, speicher- und transportfähig. Ein wahrer Trumpf im Klimaschutz!

Allerdings: H_2 ist extrem flüchtig, 14-mal leichter als Luft. In 1 kg H_2 stecken 300 % der Energie von Benzin. Aber in 1 m^3 – in hochdruck-komprimierter, flüssiger Form – sind es nur noch 31 %. Die H_2-Technologie ist nicht trivial.

Zäumen wir das Pferd mal vom Schwanz auf: Was kann Wasserstoff? Als Brennstoff kann Wasserstoff oft an die Stelle fossiler Kraftstoffe treten - in der Industrie, in Blockheizkraftwerken, in Motoren: In der CO_2-intensiven Stahlindustrie kann H_2 den Koks ersetzen. In der Chemieindustrie könnte methanisiertes H_2 das Erdgas zur Herstellung von Stickstoffdünger verdrängen. Auch bei der Glasschmelze kann H_2 die Aufgabe des fossilen Erdgases übernehmen.

Und des Deutschen liebstes Kind fährt mit H_2 klimaneutral: entweder mit synthetischem Kraftstoff auf H_2/CO_2-Basis im Verbrennungsmotor oder elektrisch mit einer H_2-gefütterten Brennstoffzelle. Hier führt übrigens Japan den Markt an.

In Deutschland ist die Politik uneins: Die SPD will im Straßenverkehr lieber Batterie-Autos. Die CDU will H_2 auch im Verbrenner und in Brennstoffzellen. Aber sogar CO_2-freier Luft- und Seeverkehr ist mit H_2 denkbar.

Um Gebäude zu heizen, kann H_2 fossiles Gas im Netz oder Fernwärme-Heizwerk ergänzen. Oder in Brennstoffzellen mit Kraftwärmekopplung für Strom und Wärme sorgen.

Das Potenzial ist also groß. Um es zu heben, ist aber noch viel Forschung und Entwicklung nötig - zu Wirkungsgraden, Ressourcenschonung, Recycling oder technischen Verfahren. Und für eine wirtschaftliche Anwendung wohl auch eine Änderung des rechtlichen Rahmens.

Aus Nachhaltigkeitssicht ist vor allem die Herstellung des H_2 entscheidend - jetzt haben wir den Kopf des Pferdes erreicht: Gegenwärtig werden in Deutschland ca. 30 Mio. t H_2 pro Jahr produziert, vor allem durch sog. Dampfreformierung aus fossilem Erdgas: „blauer" Wasserstoff. 1 Tonne H_2 verursacht so 10 t CO_2.

In Zukunft soll Wasserstoff-Elektrolyse mit Ökostrom die H_2-Produktion übernehmen: „grüner" Wasserstoff, CO_2-frei.

Grüner Wasserstoff

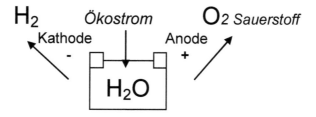

Aber der frisst Strom, sehr viel Strom. Heute liegt die Elektrolyse-Kapazität bei unter 100 MW. Das Fraunhofer-Institut rechnet bis 2030 mit einer notwendigen Elektrolyse-Kapazität von 1-5 GW zusätzlicher Leistung pro Jahr, also das 10- bzw. 50-Fache der heutigen Kapazität – pro Jahr. 2050 sollen 50-80 GW erreicht werden.

Bei diesen Größenordnungen erstaunt es nicht, dass Politik und Wirtschaft auch andere Wege ins Auge fassen: andere Herstellungsverfahren wie die Methanpyrolyse und vor allem eine günstigere H_2-Herstellung im Ausland - in Marokko, Island oder Australien.

Meine Meinung: Das Pferd von vorn aufzäumen! Zuerst brauchen wir den energischen Ausbau der Ökostrom-Erzeugung in Deutschland: Wind, Solar, Bio. Dann die H_2-Produktion ohne CO_2 in vielen Elektrolyseuren. Überschuss-Strom allein kann eine Wasserstoff-Wirtschaft nicht tragen. Ein H_2-Import ist nicht tabu, darf aber nicht abhängig machen und muss auch den Exportländern dienen.

Noch kann der Joker Wasserstoff nicht ausgespielt werden.

Nr.34

Es geht um die Wurst

Juni: Grill-Saison. Aufhänger für eine kleine „Fleischbeschau" – und einen Exkurs zu Küken und Ferkel.

Nach den Corona-Lockerungen kommt wieder die Frage des Grillmeisters: „Ich habe noch 3 Steaks, 4 Würste und 2 Koteletts, wer will?" Und keiner will oder kann mehr. Grillen in größerer Runde ist Braten auf Vorrat und Verdacht - und am Ende oft Lebensmittelverschwendung. Ausgerechnet beim Fleisch, dem Sorgenkind einer nachhaltigen Landwirtschaft:

Stichwort Gesundheit: Das Deutsche Krebsforschungszentrum empfiehlt, nicht mehr als 300-600 Gramm Fleisch pro Woche zu essen, besser weißes (Huhn, Pute) als rotes (Schwein, Rind), lieber unverarbeitetes als Wurst und Schinken. Tatsächlich isst Deutschland pro Kopf im Durchschnitt knapp 1,2 kg Fleisch pro Woche – Männer etwa doppelt so viel wie Frauen! - und erhöht damit das Darmkrebs- und Infarkt-Risiko. Antibiotika in der Massentierhaltung begünstigen zudem Resistenzen auch zum Nachteil der Humanmedizin. Die Corona-Krise offenbarte zudem soziale Missstände in den Schlachtbetrieben.

Paradox: Zwar geht der Fleischverzehr hierzulande langsam etwas zurück. Aber die Produktion stieg in den letzten Jahren umso mehr – nun für den Export, z.B. nach China. Und dennoch gaben die meisten Tierhaltungen auf: in den letzten 20 Jahren ca. 90% der bäuerlichen Hühner- und Schweinemastbetriebe! Verdrängt von Megaställen der Fleischindustrie.

Stichwort Umwelt: In den Großställen fressen die Tiere vor allem Kraftfutter, viel Soja aus Südamerika, wo Tropenwälder und Savannen gerodet, Minderheiten drangsaliert und Arbeiter*innen durch Pestizideinsatz gefährdet werden. Die Schweine in den Megaställen (bis über 30.000 Tiere in einer Anlage) produzieren mehr Gülle, als die eigenen Felder und das Grundwasser vertragen (Nitratbelastung). Die wiederkäuenden Milch- und Mast-Rinder stoßen große Mengen Methan aus - ein Klimagas, 25-mal schädlicher als CO_2.

Stichwort Tierwohl: Tiere in Megaställen leiden. Artgerechtes Verhalten wird ihnen unmöglich gemacht. Viele verletzen sich, sind unter Stress. Lange Transporte ängstigen sie.

Meine Meinung: Massentierhaltung respektiert Tiere nicht als Mit-Lebewesen, sondern nur als Produktionsfaktoren: 2019 wurden 45 Millionen männliche Küken von Lege-Zuchthennen industriell getötet. Das ist ungeheuerlich. Auch die Geschlechtsbestimmung im Ei und dann die Entsorgung ist für mich keine Lösung. Akzeptabel sind nur die Zweinutzungsrassen oder die (längere) Aufzucht der männlichen Küken – gegen höhere Eier-Preise („Bruderhahn"-Projekte).

8 Millionen Ferkel – von 53 Millionen insgesamt - sterben jedes Jahr, weil Sauen auf immer größere Würfe gezüchtet werden – heute 30 Ferkel pro Jahr. So viele kann keine Sau versorgen. Ergebnis: 15 % „Verlustrate". Das ist zynisch.

Ich esse Fleisch lieber selten und wenig, dafür aber gutes – zugegeben ziemlich teures – vom Biohof Wulksfelde. (Nur ca. 10% des Einkommens geben wir in Deutschland für Lebensmittel aus. Das ist zu wenig Wertschätzung, finde ich, gerade für Fleisch, Milch und Eier.)

Foto: Ulrike Leone auf pixabay

Wer auf einem Biohof Sauen, Ferkel, Rinder oder Hühner beobachtet - drinnen wie draußen -, der lächelt und freut sich. Die Bilder aus Megaställen machen traurig und wütend. Genauso wie eine Agrarpolitik, die das zulässt.

Grillen kann man auch Gemüse und Biofleisch, aber möglichst nicht mehr, als auch gegessen wird.

Mein Mobilitäts-Traum für Hamburg

2050 ist alles „de-carbonisiert". Nach dem Klimaschutzplan 2050 der Bundesregierung soll der Verkehr bis 2030 40% bis 42% weniger CO_2 ausstoßen als 1990, bis 2050 80%-95%. Tatsächlich aber ist der Verkehr der einzige Bereich, der seit 1990 mehr statt weniger CO_2 emittiert.

In Hamburg sanken im Verkehr auch die CO_2-Emissionen pro Kopf seit 10 Jahren nicht mehr. Die neue rot-grüne Koalition im Rathaus will das nun ändern. Spannend!

Ja, wir brauchen eine radikale Mobilitätswende, eine Abkehr von fossilen Kraftstoffen. Das verunsichert, macht vielleicht Angst. Oder es setzt Phantasie frei, Visionen: Es geht um mehr als von A nach B zu kommen. Es geht um eine neue Idee von Stadt und Mobilität.

Ich träume von einer Straßen- und Kantstein-freien Hamburger Innenstadt zwischen Hauptbahnhof, Rathausviertel und Dammtor, für Fußgänger, E-Scooter und Fahrräder (bis 15 km/h). Baumgruppen mit kommerzlosen Tischen und Bänken, Blumenhochbeete und Skulpturen bevölkern die Flächen. Daneben Cafés, Restaurants, Biergärten, aber auch barrierefreie öffentliche Toiletten.

Und nahe den Passanten: Straßenkunst, Musik, Akrobatik, Tanz. Ein mediterranes Lebensgefühl.

Lieferanten und Handwerker, Reinigungsfirmen und Zusteller kommen behutsam in emissionsfreien Fahrzeugen, regelhaft vor 10 Uhr morgens. Elektro-Shuttles oder Sammeltaxis – mit Fahrer*in oder autonom - befördern Behinderte, Senior*innen und Familien mit Kleinkindern. Flanieren, sich treffen, Praxen aufsuchen, Besorgungen machen. Größere Einkäufe werden in nahen Schließfächern zwischengelagert oder nach Ladenschluss z.B. per Lastenfahrrad an die Kunden ausgeliefert.

Und die arbeitende Bevölkerung? Als Mobilitäts-Rückgrat für alle - gerade auch für Pendler aus dem Umland - sorgt ein komfortabler öffentlicher Nahverkehr im 5-Minuten-Takt mit einfachen, günstigen Tarifen – z.B. einem 365 € - Jahresticket nach Wiener Vorbild.

Emissionsfreie, geräuscharme Stadtbahnen und HVV-Busse mit Klick-Fahrradträgern fahren bis in die Randzonen der Innenstadt und der Stadtteilzentren. Fahrrad-Park- und Leihstationen ergänzen die Haltestellen. Fahrradstraßen und Velo-Schnellwege verbinden Wohnung und Arbeitsplatz auch über 10 bis 20 km hinaus.

Der Privat-PKW wird unnötig, ja lästig, denn der Parkplatz auf der Straße selten und teuer. Über die Stadt verteilt stehen emissionsfreie Carsharing- und Miet-Autos für besondere Anlässe wie Transporte, kleine Ausflüge.

Für Mittel- und Langstrecken aus Hamburg heraus stelle ich mir einerseits einen pünktlichen, komfortablen Bahnverkehr vor. Andererseits an den Endstationen des HVV und an Ausfallstraßen Umsteigestationen für Überlandbusse, Miet- und Carsharingautos mit Wasserstoff / Brennstoffzellen-Technologie (wegen der Reichweite).

Auch für LKW, die quer durch Europa die größeren Verteilzentren beliefern, denke ich an Antriebe mit Wasserstoff oder synthetischen Kraftstoffen.

Dasselbe gilt für Schiffe und Flugzeuge. Das braucht aber sehr viel erneuerbare Energie und ist teuer. Und eine Fernreise wird wieder zum seltenen Luxus, dessen Preis die Umweltkosten hoffentlich ehrlich wiedergibt.

Man wird doch noch träumen dürfen, oder? Übrigens: Von Flugtaxis träume ich nicht.

Nr.36

Geld stinkt nicht!?

In und nach der Corona-Krise wird die Wirtschaft mit Geld geflutet. Aus dem Steuersäckel, aus institutionellen und Privatanlagen - alles für den Wiederaufbau.

„Wieder"-Aufbau? Besser nach vorn in eine zukunftsfähige Wirtschaft mit Umweltschutz, sozialer Verantwortung und guter Unternehmensführung – Finanzjargon: „ESG" für environment, social, governance. Es braucht „nachhaltige Geldanlagen", ESG-Anlagen.

Nicht dazu gehören: Kohle- und Erdölindustrie, Atomkraft, die Verletzung von Menschen- und Arbeitsrechten, Waffen oder Tabak als Hauptgeschäft, Korruption im Management.

Entschieden früher allein Rendite, Sicherheit und Liquidität über eine Geldanlage, wollen Anleger*innen heute zunehmend mitbestimmen, wozu ihr Geld verwandt wird. Und „sicher" wird auch als „zukunftsfähig" verstanden.

Das Geldvermögen der Deutschen beträgt 6,3 Bill. €. Immer mehr Vermögensverwaltungen sortieren nicht nachhaltige Unternehmen aus ihrem Anlage-Portfolio aus. Z.B. legt die Handelskammer Hamburg ihr Pensionsvermögen ab 1.1.2020 nur noch nachhaltig an.

Was aber sind „nachhaltige Geldanlagen"? Das ist bisher nicht klar definiert. Deswegen arbeitet die EU an einer einheitlichen „Taxonomie" (Bewertung) für nachhaltige Finanzprodukte und Investitionen.

Die bestehenden Nachhaltigkeits-Indizes für Aktien wie der Naturaktienindex NAI, der britische FTSE4Good, der US-amerikanische MSCI KLD 400 Social Index orientieren sich an unterschiedlichen Kriterien. Einerseits nach dem Ausschluss-Prinzip – keine Aktien von Waffenschmieden z.B. - oder nach dem „Klassenbesten-Ansatz" – nur die nachhaltigsten Unternehmen einer Branche. Ausgeschlossenen Unternehmen wird so teilweise die Finanzierung entzogen: „Desinvestition". Je größer das entzogene Anlagevermögen, desto größer auch die wirtschaftspolitische Wirkung. So stieg z.B. der norwegische Pensionsfonds - mit 900 Mrd. € der weltweit größte Staatsfonds - aus der Kohleindustrie aus.

In Deutschland stellte jüngst die Frankfurter Börse dem Dax eine nachhaltige Index-Variante gegenüber, den Dax ESG 50.

Die Indizes bilden den Auswahlpool für nachhaltige Aktienfonds, in die Anleger investieren können. Beliebt sind ETFs (exchange traded funds), die wegen einer automatischen Indexbindung ohne teure Verwaltung auskommen.

Und ich als Kleinanleger? Wie kann ich meine Alterssicherung, mein Sparvermögen so anlegen, dass es sicher und rentabel ist - und dennoch nicht riecht, sondern „sauber" ist?

Ich kann schon die Bank meines Vertrauens nach Nachhaltigkeit aussuchen: die GLS-Bank, die Ethikbank oder eine andere. Deren Produkte sind generell nachhaltig. Aber auch konventionelle Banken oder online-Banken bieten Nachhaltiges: bestimmte Aktienfonds / ETFs, geschlossene Fonds für Unternehmen der Umweltbranche, Genussrechte an nachhaltigen Einzel-Unternehmen.

Die Rendite? Nach allen Studien sind nachhaltige Geldanlagen nicht weniger rentabel als die herkömmlichen. Die Nachhaltigkeits-Indizes entwickeln sich oft sogar positiver als die konventionellen. Aber natürlich können auch Unternehmen der Energiewende insolvent werden – Stichwort Windkraft-Prokon. In Nachhaltigkeitsfonds mit vielen, nicht nur deutschen Unternehmen kann mein Geld sicherer und dauerhafter duften und Gutes tun.

Ist Nachhaltigkeit messbar?

Nein, jedenfalls nicht als Gesamt-Nachhaltigkeit mit einer einzigen Maßzahl - „Germany: twelve points" – schön wär's.

Zum einen ist „Nachhaltigkeit" inhaltlich einer der komplexesten und umfassendsten Begriffe überhaupt. Zum anderen fehlt es der Nachhaltigkeit an naturwissenschaftlicher Eindeutigkeit. „Nachhaltigkeit" ist ein werthaltiger Begriff, Stichwort „Generationengerechtigkeit". Was will man da messen?

Liegt der Reiz von Nachhaltigkeit dann womöglich gerade im Undefinierbaren, in der flexiblen Legitimation der eigenen Sicht durch eine positiv besetzte Leerformel?

Ja, auch, aber nicht nur. Seit dem UN-Erdgipfel von Rio 1992, dem Geburtsjahr der „nachhaltigen Entwicklung", versucht die Wissenschaft, Nachhaltigkeit zu operationalisieren, um sie messbar zu machen.

Foto: Peter H auf Pixabay

Wie? Sie nimmt „Nachhaltigkeit" auseinander, zerlegt sie in Einzelteile. Dabei fordert Nachhaltigkeit „eigentlich" gerade die Integration, die Abwägung von allem mit jedem. Aber: Nur für jeden Einzelbereich aus Wirtschaft, Umwelt und Sozialem kann man ein Ziel setzen und Messkriterien benennen.

Für Deutschland macht dies das Statistische Bundesamt. In Indikatorenberichten – zuletzt 2018 – und interaktiv per Internet-Plattform konkretisiert es die Nachhaltigkeitsstrategie der Bundesregierung - mit 64 Einzelthemen.

Beispiele: Anteil der armen Bevölkerung, Stickstoffüberschuss in der Landwirtschaft, öffentlicher Schuldenstand, vorzeitige Sterblichkeit (Tote unter 70 J. pro 100.000), Anteil ökologischer Anbaufläche, Primärenergieverbrauch, Schulabbrecher-Quoten, Anteil erneuerbarer Energien. Ein wahres Füllhorn!

Die meisten Indikatoren haben einen Zielwert für 2030: Anstieg der Siedlungs- und Verkehrsfläche unter 60 ha/Tag; Emissionen CO_2-Äquivalente: ≤ 45 vom Index 100=1990; weniger als 13% Personen in Haushalten, die mehr als 40% des Einkommens für Wohnen ausgeben.

In bunten Grafiken zeigt das Bundesamt zu diesen Zielen die Statistikdaten der letzten Jahre. Sehr übersichtlich! Vier Wettersymbole von Sonne bis Gewitterblitz bewerten dies.

Ergebnisse: Bei 24 (39%) der bewertbaren Indikatoren ist 2018 eitel Sonnenschein: z.B. bei der Staatsverschuldung, der wirtschaftlichen Leistungsfähigkeit und Zukunftsvorsorge, bei der Beschäftigung, der Entwicklungszusammenarbeit. Nach der Corona-Krise droht hier wohl eher eine Sonnenfinsternis.

Bei 9 Indikatoren (15%) gibt es Gewitter: Die Daten entwickeln sich in die falsche, nicht nachhaltige Richtung: z.B. bei Mobilität, Siedlungsdichte, Schulabschlüssen von Ausländern, Primärenergieverbrauch, Grundwasser.

Ein Drittel der Indikatoren haben zwar die richtige Richtung, ein Weiter-so würde den Zielwert 2030 jedoch um mehr als 20% verfehlen. Z.B. CO_2-Emissionen, Gewässerschutz, Gleichstellung von Frauen beim Einkommen.

Natürlich sind die Auswahl der Einzelthemen und Indikatoren, der gesetzte Zielwert und die Bewertung diskussionsfähig. Aber immerhin: Das Nachhaltigkeits-Monitoring der Bundesregierung ist beispielhaft und anspruchsvoll. (Der Hamburger Senat kriegt das trotz Zusagen und des Vorbilds vom Zukunftsrat Hamburg bisher nicht hin.)

Noch besser wäre es allerdings, wenn die Politik sich tatsächlich und ausdrücklich an ihren eigenen Nachhaltigkeitszielen und Messlatten ausrichtete. Gerade auch bei der Erholung aus der Corona-Krise.

Nr. 38

Sektorkopplung: Ökostrom verbindet

Die Fortschritte bei der Energiewende sind ungleich verteilt: Der verbrauchte Strom wurde 2019 schon zu 42,1% aus erneuerbaren Energien erzeugt, die Wärme für Wohnraum und Industrie nur zu 14,5%. Und die Energie im Verkehr sogar nur zu 5,6%. Aber alle drei Sektoren sollen 2050 nahezu CO_2-frei sein.

Kann man sich da nicht gegenseitig helfen? Strom ist gut transportierbar, aber schlecht zu speichern; bei der Wärme ist es umgekehrt. Und Verkehr funktioniert ja auch elektrisch.

Die gemeinsame Betrachtung der Sektoren richtet sich am Klassenprimus aus, am Strom aus Windkraft und Solarenergie.

Der aber ist unzuverlässig: Ausfall bei Flaute und Dunkelheit, Überproduktion bei Starkwind und Sonnenschein – abhängig von Netz und Nachfrage. Im 1. Quartal 2019 wurden zum Schutz der Stromnetze Windräder „abgeregelt", also stillgelegt, die sonst eine Strommenge von 3,23 Mrd. Kilowattstunden produziert hätten – genug für 6 Millionen E-Autos im Quartal.

Welch eine Verschwendung! Aber es gibt Lösungen. Bei viel Sonne und Wind: die Stromnachfrage anpassen, z.B. geeignete Verbräuche und Industrieprozesse in diese Zeit legen; das Netz ausbauen, um Windstrom z.B. nach Süddeutschland abzutransportieren; mit dem Überschussstrom vor Ort netzunabhängig Batterien laden oder über Elektrolyse das Speichergas Wasserstoff herstellen.

Das funktioniert auch umgekehrt. Bei Flaute und Finsternis: die Nachfrage durch „Lastmanagement" senken; übers Netz Strom aus Sonnen- und Windgebieten heranführen; aus Batterien und Wasserstoff über Brennstoffzellen Strom ins Netz einspeisen.

Und wo ist die Sektorkopplung? Für Experten: Wärmepumpen brauchen Strom - „power-to-heat". Solarthermie (Wärme) kann ihn ersetzen. Batterien (Strom) bewegen Elektroautos (Verkehr) und können an der Aufladestation Schwankungen der Stromnachfrage ausgleichen. Wasserstoff durch Elektrolyse (Strom) – „power-to-gas" - hilft der Industrie z.B. bei der Stahl- und Düngerherstellung. Und er ist Basis für Methangas zur Raumwärme und für synthetische Kraftstoffe (Verkehr) – „power-to-liquid". Schließlich kann Wind- und Sonnenstrom durch Kraft-Wärme-Kopplung aus zuverlässigeren Biogas-Blockheizkraftwerken ergänzt werden. Alles Sektorkopplung.

Vieles ist möglich, vieles noch theoretisch. Zum einen muss nicht nur der Anteil an grünem Strom extrem steigen, sondern auch die Stromproduktion insgesamt. Das Umweltbundesamt fordert bis 2050 einen Zubau an Windkraft- und Photovoltaik-Leistung um 7,7–10 Gigawatt pro Jahr. 2019 betrug er 5,5 GW.

Zum anderen muss auch bei den Finanzen die Sektorkopplung einziehen. Mit einem einheitlichen CO_2-Preis und/oder einer integrierten Besteuerung und Abgabenlast. Solange z.B. Elektrolyseure als Stromverbraucher selbst hohe Abgaben verursachen, sind sie zu teuer.

Hamburg und Schleswig-Holstein erforschen seit Dezember 2016 in ihrem Projekt „NEW 4.0" (Norddeutsche Energiewende) verschiedene Aspekte der Sektorkopplung – vom Lastmanagement über digitale Steuerungen bis zu Umwandlungsverlusten und Akzeptanz.

Es ist nun Sache der Politik, die Chancen zu nutzen, die Rahmenbedingungen zu vereinheitlichen und die Wirtschaftsinitiativen zu fördern. Ohne effiziente Sektorkopplung wird das Klimaziel 2050 verfehlt. Und wir Verbraucher*innen müssen uns wohl doch an smart homes und noch mehr Masten gewöhnen.

Konsum ist auch keine Lösung!

Wegen der Corona-Krise sinkt das Bruttoinlandsprodukt (BIP) in diesem Jahr. 130 Mrd. € sollen das Wachstum retten: mit Überbrückungshilfen für Betriebe, Geld für die Kultur, Investitionen in Digitalisierung, Wasserstoff.

Und mit viel Geld zur „Aufhellung des Konsumklimas": 20 Mrd. € für eine befristete Senkung der Mehrwertsteuer um 3%-Punkte, 5,4 Mrd. € für einen Kinderbonus von 300 €, ferner eine Steuerentlastung für Alleinerziehende, eine Senkung der Stromkosten und 6000 € für ein neues E-Auto. Mehr Geld für Konsum = mehr Produktion = mehr sichere Jobs, so die Idee.

Gezielt ist nur die E-Auto-Prämie. Ansonsten geht es um die allgemeine Kauflust. Lust auf Mode, Lebensmittel, Autos, Unterhaltungselektronik, auf Einrichtung, Urlaub, Restaurantbesuche.

Foto: Ulrike Leone auf Pixabay

Endlich kann ich mir mehr Tönnies-Kottelets auf den Grill legen. Ich kann mir vielleicht vorzeitig das neueste Smartphone leisten und etwas weiter in den Urlaub fliegen. Warum nicht drei statt zwei der bezaubernden Sommer-Fummel aus Bangladesch bestellen? Und bei einem neuen SUV spare ich mehr als bei einem neuen VW Polo. Die Zeit ist knapp: Rettungs-Konsum bis Dezember.

Dem BIP ist egal, was ich kaufe, der Steuer auch. Und die Arbeitsplätze? Tönnies soll seine Art von Arbeitsplätzen eigentlich gerade nicht retten. Die Verkäufer*innen des Lebensmittelhandels sind Helden des Alltags, ihre Jobs sind nicht gefährdet. Die IT-Industrie boomt sogar und braucht meine Unterstützung ebenfalls nicht. Auch Amazon ist ein Gewinner der Krise. Und für die asiatischen Näherinnen sind die deutschen Rettungsmilliarden eher nicht gedacht.

Aber immerhin für die Verkäufer*innen bei H&M, für Reisebüros, die Lufthansa, den Flughafen, für die Autokonzerne und -händler.

Aber da war doch noch etwas! Wollten wir nicht auf ex-und-hopp verzichten, lieber weniger, aber langlebiger kaufen? Und wie war das mit den CO_2-Emissionen von Autos und Flugzeugen, den Pariser Klimazielen?

Um Missverständnissen vorzubeugen: Kurzfristige Überbrückungshilfen für unverschuldet in Not geratene Selbstständige wie Arbeitnehmer sind Errungenschaften des Sozialstaats. Arme Menschen und Personen mit betreuungsbedürftigen Kindern müssen entlastet werden. Auch die Unterstützung von Kultur, Bildung, Gesundheit und Pflege ist ein Gebot der Solidarität und Nachhaltigkeit.

Aber die unterschiedslose Stützung der allgemeinen Konsumnachfrage stabilisiert das Alte, behindert zukunftsorientierte Strukturveränderung. Die Coronakrise trifft viele arme Menschen besonders hart. An der ungleichen Einkommens- und Vermögensverteilung ändert die Absenkung der Mehrwertsteuer nichts.

Die Coronakrise entlastet Natur und Umwelt, vermindert den CO_2-Aussstoß erheblich. Eine Wiederherstellung der Vorkrisen-Konjunktur macht die Umweltgewinne zunichte.

Meine Meinung: Es lebe der Unterschied! Auch bei der Rettung durch Konsum: Ja zur Wiederbelebung von Dienstleistungen, Kultur und Gastronomie. Nein zur Rückkehr zu energie-, material- und abfallintensivem Konsumieren und Produzieren, nein zu umwelt- und menschenrechtsgefährdenden Importen.

Die zukunftsorientierten Milliarden auf Pump (Digitalisierung, Wasserstoff, Nahverkehr) sind ok, die konsumorientierten zu unspezifisch und damit eher rückwärtsgewandt. Schulden sind nur dann generationengerecht, wenn sie helfen *vor* zu sorgen.

Nr. 40

„Ich bin dann mal weg"

Juli, Ferienzeit. Die Corona-Krise behindert zwar, ist aber erst recht Grund für Urlaub. Wer sich dabei wie Hape Kerkeling Selbsterkenntnis zu Fuß erpilgert, ist ein Öko-Held. Auch, wer mit Rad und Zelt in Mecklenburg unterwegs ist. Aber wir anderen alle?

Betrachtet man Reisen durch die Brille des Klimaschutzes, sieht man schwarz: Um eine Erderwärmung von 1,5–2 Grad einzuhalten, darf man nur 1-2 t CO_2 pro Jahr freisetzen. Das tut aber schon – grob gerechnet – eine Flugreise auf die Kanaren, eine einwöchige Mittelmeerkreuzfahrt oder die durchschnittliche private Jahres-Inanspruchnahme von Auto, Bus und Bahn. Solange Flugzeuge Kerosin, Schiffe Schweröl und Autos Benzin bzw. Diesel tanken, sind Reisen Klimakiller. Zurzeit liegt unser durchschnittlicher CO_2-Jahresausstoß übrigens bei knapp 10 t pro Person. Für Besserverdiener: ein Flug nach Neuseeland liegt bei 10-12 t.

Also Verzicht? Bleibe im Lande, nähre dich redlich und riskiere keine Infektionen?

Es gibt noch andere Brillen für das Reisen:

Die Bedeutung für das Zielland z.B. In seinen „nachhaltigen Entwicklungszielen" von 2015 fordert die UNO einen „nachhaltigen Tourismus", der im Zielland Arbeitsplätze schafft und die lokale Kultur und Produktion fördert. Länder wie Costa Rica und Botswana sperren den Massentourismus weitgehend aus und schützen ihre Naturschätze.

Andere (z.B. die Malediven) liefern sich dem Milliardengeschäft Tourismus aus. Für die meisten ärmeren außereuropäischen Zielländer bzw. ihre Bevölkerungsmehrheit hat die Invasion der Touristen oft mehr Nach- als Vorteile: mehr Umweltzerstörung, Kulturbedrohung und Fremdbestimmung. Andererseits Arbeitsplätze, Deviseneinnahmen und Infrastruktur. Wer eine große all-inclusive-Anlage bucht, wird im Fischerdorf am Ziel kaum einheimische Touristen-Lokale finden. Auf Mykonos diktierte vor der Corona-Krise die Tide der Kreuzfahrer den Lebensrhythmus der Stadt. Der Massentourismus zerstört, was der Einzeltourist sucht.

Und dennoch – eine neue Brille: Reisen bildet, Reisen erweitert den eigenen Horizont. Reisen gibt Gelegenheit, neue Bekanntschaften zu machen, andere Kulturen zu erfahren, fremden Menschen zu begegnen. Fördert Erkenntnis und Verständnis, die Korrektur von Vorurteilen. Na gut, als Möglichkeit jedenfalls.

Meine Meinung: Erholung und Spaß, Strand und Sonnenbräune sind ziemlich nah, sind auch ohne größere Klimaschäden und ohne den Neokolonialismus des Massentourismus zu bekommen. Fernreisen sollten dagegen seltene kostbare persönliche Erlebnisse sein, deren Wert mit Vorbereitung, Offenheit und Lernbereitschaft wächst. Das „forum anders reisen" in Hamburg vermittelt z.B. solche nachhaltigen Urlaube.

Aber die CO_2-Emissionen! Ich bekenne: Für das gute Gewissen ließ ich mich vor Jahren für einen tollen Costa-Rica-Urlaub auf den Ablasshandel mit der „CO_2-Kompensation" ein: Für die horrenden 4,7 t CO_2 pro Person bekam die Organisation „Atmosfair" 108 €, mit denen weltweit CO_2-sparende Projekte finanziert werden – zertifiziert nach dem Klimaschutz-Protokoll von Kyoto. Aber ein gutes Gewissen habe ich trotzdem nicht. Denn wer kann sich solchen Luxus eigentlich leisten? Aber ist die Gleichung „viel CO_2 ausstoßen = viel zahlen" falsch? Die nächste Fernreise muss jedenfalls warten. Erst einmal pilgern? - etwa zu Fuß?

Emissionshandel – Markt mit Ziel?

Die Klimaschutz-Idee: Einem Land bzw. Unternehmen wird für seine Klimagas-Emissionen eine Höchstmenge eingeräumt und jährlich verringert. Je Tonne Emissionen erhält bzw. kauft es ein Zertifikat. Wer weniger emittiert als seine Höchstmenge, kann die überschüssigen Zertifikate an die verkaufen, die mehr emittieren als ihre Höchstmenge. Wer günstig in Klimaschutz investiert, spart oder gewinnt bei den Zertifikaten.

Foto: jwvein auf Pixabay

Emissionshandel gibt es dreimal: Weltweit zwischen Staaten nach dem Kyoto-Protokoll; in der EU für Energie-, Industrie- und Luftfahrtunternehmen nach dem EU-ETS (Emission Trading System); in Deutschland für Wärme- und Verkehrsanbieter. Bis 2025 sollen letztere einen Festpreis von 25 €/t CO_2 zahlen. Danach werden die Zertifikate versteigert – in einem Preiskorridor. So der aktuelle Gesetzentwurf.

Bleiben wir beim europäischen Emissionshandel EU-ETS: 2005 eingeführt, mehrfach reformiert, zurzeit in der 3. Handelsperiode 2013-2020. Er erfasst nur ca. die Hälfte der deutschen Klimagas-Emissionen: 933 Kraftwerke mit 244 Mio. t Emissionen, 918 Eisen- und Stahlwerke, Raffinerien, Zement-, Chemie- und andere Industrieunternehmen mit 119 Mio. t und 66 Luftverkehrsbetriebe mit 9 Mio. t Emissionen (2019).

Verschiedene Stellschrauben entscheiden nun, ob und wie der CO_2-Handel das Klima schützt.

Grundlegend: die Begrenzung der jährlichen Gesamtmenge der Emissionen und damit der Zertifikate. Im EU-ETS werden diese sog. „Caps" jährlich um 38 Mio. reduziert.

Zweitens: die Aufteilung der Gesamtmenge auf Länder und Unternehmen. Sie wird ausgehandelt bzw. national bestimmt und orientiert sich an früheren Emissionen – mit Abstrichen.

Drittens: der Preis für ein Zertifikat / 1 t Emissionen. Wer im globalen Wettbewerb steht wie die deutsche Industrie, erhält die Zertifikate von der staatlichen Emissionshandelsstelle meist kostenlos - ausgerichtet an den 10 Besten des Sektors. Die anderen wie die deutschen Energieerzeuger müssen die Zertifikate ersteigern. 2008-2019 betrug die Auktionsmenge insgesamt 1,3 Mrd. Zertifikate und erbrachte einen Erlös von 13,6 Mrd. €.

Viertens: Korrekturmechanismen für einen Überschuss an Zertifikaten, der den Klimaschutzeffekt vereitelt. Seit 2019 gibt es dafür die „Marktstabilisierungsreserve" MSR. Übersteigen überschüssige Zertifikate einen Höchstwert, werden sie gelöscht. Wenn z.B. durch den deutschen Kohleausstieg viele Zertifikate frei werden, dürfen diese nicht von anderen Ländern gekauft werden können (kein „Wasserbetteffekt"). Auch sie sind zu löschen.

Alles in allem ist das EU-ETS ein hochkomplexes System – mit Lernkurve: 2019 gingen die deutschen ETS-Emissionen (ohne Luftfahrt) in einem Jahr erstmals um 14% zurück. Eine Ausnahme oder ein Anfang?

Meine Meinung: Die Systeme des Emissionshandels (Kyoto und EU) brachten und bringen die Mitgliedsstaaten zusammen. Handel und Verhandeln sind immer besser als Diktat – von wem auch immer. Ein demokratisches Plus.

Aber erreicht der Emissions-Markt die Klimaziele von Paris? Die Zertifikatspreise schwanken, sind abhängig von der Nachfrage. Und die hängt ab von Konjunktur, Innovationstempo, Klimaschutzpolitik. Planungssicherheit für Klimaschutzinvestitionen sieht anders aus. Zielsicherheit auch. Markt mit Mengenziel, Zuteilung und Preiskorridoren? Ein Wagnis zwischen Demokratie, Handelsfreiheit und planetaren Grenzen. Aber etwas Besseres fällt mir nicht ein. Nur: mehr Ehrgeiz! Es drängt.

Nr.42

Fair übers Meer

Dieser Titel ist geklaut: Ein Bündnis „Für menschenwürdige Arbeitsbedingungen und mehr Umweltschutz im Seeverkehr" heißt so.

90% des Welthandels kommen über das Meer. Weltweit gibt es ca. 50.000 Handelsschiffe mit ca. 1,2 Mio. Seeleuten. Dennoch ist der Seeverkehr für Öffentlichkeit und Politik ein blinder Fleck. Weder die Umweltfolgen noch die sozialen Verhältnisse der Seeleute regen uns auf. Beim fairen Handel (Fairtrade-Produkte) wird der Transport ausgeblendet.

Der Seeverkehr ist global organisiert – auf merkwürdige Weise: Schiffseigner - heute oft Großkonzerne, Banken, Fonds - können ihr Schiff in solche Staaten „ausflaggen", die die geringsten Steuern, Sozialabgaben und Auflagen fordern: „Billigflaggenstaaten" wie Panama, Liberia, Bahamas. Der Firmensitz: oft ein Briefkasten oder eine Anwaltskanzlei. Seinen Heimathafen muss ein Schiff nie sehen.

Von den 1988 Schiffen in deutschem Eigentum fuhren Ende 2019 nur 302 unter deutscher Flagge, davon 159 im „Zweitregister" ISR, einer Art deutscher Billigflagge.

Geregelt wird der globale Seeverkehr durch UN-Organisationen wie die IMO - International Maritime Organisation. Hier haben die Billigflaggenstaaten die (Tonnage-) Mehrheit und vertreten ihre Interessen auch bei Umwelt- und Arbeits-Konventionen.

Bleiben wir zunächst bei der Ökologie. Ein Lichtblick: Ab 2020 darf Schiffskraftstoff statt 3,5% nur noch 0,5% Schwefel enthalten (in Nord- und Ostsee seit längerem nur 0,1%; im Straßenverkehr: 0,001%). Sonst muss das Abgas gereinigt werden.

Doch Probleme bleiben: Mit 2,6% der weltweiten CO_2-Emissionen ist der Anteil der Seeschifffahrt höher als der Deutschlands (2%). Und nach der IMO soll er bis 2050 nur um 50% verringert werden, statt um 80-95% nach der Pariser Klimakonvention.

Unfälle, Abfälle und Abrieb des giftigen Antifouling-Anstrichs verdrecken noch immer die Meere. Schrauben- und Sonargeräusche gefährden nicht nur Wale. Eingeschleppte fremde Organismen verteilen sich weltweit über das Ballastwasser der Schiffe. Beim Abwracken in Indien, Pakistan und Bangladesch vergiften Rückstände Menschen und Strände. Es gibt viele IMO-Umweltkonventionen, aber wenig Kontrolle.

Dasselbe gilt für die Arbeitsbedingungen der Seeleute. Die Maritime Labour Convention MLC von 2006 setzt soziale Mindeststandards. Eine 7-Tage-Arbeitswoche von 70-90 Stunden bleibt aber möglich. Urlaub? Meist vermitteln die Agenten nur befristete Arbeitsverträge. In der MLC gibt es weder eine Mindestbesatzung noch eine Mindestheuer. Die vielen Überstunden führen auch auf Schiffen mit deutscher Flagge zu Stundenlöhnen weit unter dem deutschen Mindestlohn. Ausbeutung und Missbrauch sind keine Seltenheit.

Meine Meinung: Das „Ausflaggen" ist Hauptgrund für den Mangel an Nachhaltigkeit im Seeverkehr. Schiffe müssen der Rechtsordnung des Eigentümerstaates unterliegen! Nationale Ladungslenkung (deutsche Ladung auf deutsche Schiffe) ist verpönt. Aber ein Lieferkettengesetz könnte verbindliche Nachhaltigkeitsstandards für den Transport festlegen. Zudem müssten die internationale Gewerkschaft ITF sowie die Hafenkontrollen gestärkt werden, um die Umwelt- und Arbeitskonventionen durchzusetzen. Deutsche Politik muss den Blick auf die Seeschifffahrt ergänzen: Über die hohen Subventionen sollte sie die Reeder auf einen fairen Seeverkehr verpflichten.

Nr. 43

Klimaneutralität ist käuflich

Ende 2019 erklärten die Staatschefs Europas: Die EU wird bis 2050 „klimaneutral". Hamburg will eine „klimaneutrale" Landesverwaltung bis 2030. Der DHL-Paketversand ist schon heute „klimaneutral". Und sogar das Heizöl EcoPlus von Aral ist es.

Klimaneutral? Das sind Leistungen und Produkte, die das globale Klima nicht belasten: direkt durch Energieeinsparung bzw. Umstellung auf emissionsfreie Alternativen. Oder aber indirekt durch einen Ausgleich für nicht vermiedene Treibhausgas-Emissionen. Also erst Schädigung, dann Schadensersatz.

Als Ausgleich dient die Finanzierung eines „fremden" Klimaschutzprojekts. Das ist meist billiger. Denn das Projekt kann auch ganz woanders laufen, z.B. in Entwicklungsländern. Der Atmosphäre und dem Klima ist der Ort der Emissionseinsparung egal.

Nicht aber die Höhe. Und da beginnen die Probleme: „Klimaneutralität" durch Ausgleich erfordert: 1. eine ehrliche Bilanz der auszugleichenden eigenen Emissionen, 2. eine zuverlässige Berechnung der durch das Projekt eingesparten Emissionen und 3. die Berechnung des Preises für das eingesparte CO_2.

Beispiel: Atmosfair kompensiert Flugreisen durch CO_2-einsparende Entwicklungsprojekte. Schon die Berechnung der Flug-Emissionen ist komplex (Entfernung, Route, Flugzeugtyp). Noch schwieriger ist die Berechnung der durch das Projekt eingesparten Emissionen: durch den effizienteren

Ofen in Sambia, das Kleinwasserkraftwerk in Honduras, den Strom aus Senf-Ernteresten in Indien.

Effizienter Kochofen in Sambia. Foto: atmosfair / Save 80

Seit der Klimakonferenz von Kyoto 1997 wurden für die Ausgleichs-Berechnung ein aufwändiges Regelwerk und Verfahren entwickelt: der „clean development mechanism", CDM. Mit externen Prüfungen und Zertifikaten soll er vor allem die „Zusätzlichkeit" der Klimagas-Einsparungen durch das Projekt sicherstellen, Doppelanrechnungen verhindern.

Verbände schufen daneben den „Goldstandard" mit entwicklungspolitischen Zielen: Das Ausgleichsprojekt muss nicht nur Emissionen einsparen, sondern auch der einheimischen Bevölkerung nützen.

Und zwar sicher, zeitnah und nachhaltig. Bei den beliebten Aufforstungsprojekten ist das nicht der Fall: Wachsen die vielen Setzlinge an, werden sie ausreichend gepflegt? Fallen sie keinem Brand zum Opfer? In wie vielen Jahr(zehnt)en binden sie wie viel CO_2? Ist sicher, dass das Baum-Projekt weder Urwald noch Kleinbauern verdrängt? – Alles das ist nicht quantifizierbar. Atmosfair bietet solche Projekte deswegen nicht zum Ausgleich an.

Insgesamt haben bis Januar 2020 weltweit 7.817 CDM-Projekte 2 Mrd. t Emissionen (CO_2-Äqivalente) eingespart. Die Zukunft ist aber ungewiss. Die Projektzahl wächst kaum noch - zu kompliziert, zu fragwürdig im Einzelfall. Und der CDM läuft 2020 aus, die Nachfolge ist offen.

Meine Meinung: Gekaufte Klimaneutralität ist die zweitbeste Lösung: eine Gleichung mit vielen Unbekannten. Wie viele Emissionen sollen in der EU, in Hamburg real vermieden werden, wie groß ist der auszugleichende Rest? Ist er wirklich unvermeidbar? Wo sollen all die Projekte und Kontrollen im Süden herkommen, die nötig werden, wenn im Norden alle Staaten, Unternehmen und Einzelne „Klimaneutralität" versprechen? Das Vermeiden von Treibhausgas-Emissionen muss absoluten Vorrang haben, ohne Schielen zur Hintertür. Eine Kompensation von wirklich Unvermeidbarem ist ok, setzt aber Goldstandard, Ehrlichkeit und großen Prüfaufwand voraus. Bis 2050 sollten alle Klimagas-Emissionen im Norden nach und nach vermieden, nicht kompensiert sein.

Nr.44

Wasser – real und virtuell

August. Hochsommer, Hitzewellen. Trinken, Bewässern, Löschen: Mit der Erderwärmung wächst der Bedarf an Wasser. Gibt es genug?

Gute Nachrichten: 1. Wasser geht nicht verloren, es bildet einen Kreislauf. 2. In Norddeutschland füllen Niederschläge die Grundwasserentnahmen für das Trinkwasser wieder auf.

Schlechte Nachrichten: 1. Der Wasserkreislauf ist überregional: Das verdunstete Wasser vom Tschadsee regnet sich auch woanders als im Sahel wieder ab. 2. Viel Fluss-Wasser geht durch Verschmutzung als Lebensmittel verloren, wird zu Abwasser.

Hamburg: Eine Privatperson verbrauchte 2019 ca. 117 Liter Trinkwasser pro Tag. Das bildet sich bald neu und ist weniger als der deutsche Durchschnitt. Sparen wir im Haushalt viel Wasser, braucht die Stadt wieder Wasser zur Spülung der Abwasserrohre. Aber es wird wärmer... Und die Coronakrise hat den Tagesverbrauch um 3,1% erhöht.

Wasser ist eine lokale Ressource und kaum übertragbar in entfernte Regionen. Die Trinkwasserprobleme in Indien, Nordafrika oder im Nahen Osten können nur dort gelöst werden.

Da sind wir in Hamburg ja fein raus! Wirklich?

Nein, es ist komplizierter. Auch wenn wir unseren Wasserkonsum als Touristen in warmen, wasserarmen Ländern einmal beiseitelassen: Wasser kommt nicht nur aus dem Hahn, es steckt auch in unserem Konsum – als „virtuelles

Wasser". Ein Baumwoll-T-Shirt braucht bis zu 15.000 l Wasser - für die Feldbewässerung, für Waschen und Färben der Fasern, für Produktion und Transport der Kleidung. In 1 kg Rindfleisch (einschließlich Futterproduktion) stecken 15.400 l und in 1 kg Kaffee sogar 21.000 l Wasser – 140 Liter pro Tasse! Pro Kopf und Tag nutzen wir in Deutschland ca. 4000 Liter virtuelles Wasser. Und zwei Drittel davon aus anderen Ländern.

Das hat Folgen: So verlandete und versalzte der Aralsee durch die Bewässerung der Baumwollfelder ringsherum. 70% des weltweiten Wasserverbrauchs nutzt die Landwirtschaft – über Brunnen oder die Anstauung von Flüssen.

Beides macht Probleme: Das Anzapfen von Grundwasser über die Neubildungsrate hinaus gefährdet die Versorgung der Bevölkerung. Große Staudammprojekte haben oft gravierende ökologische und soziale Folgen: Versalzung, Fisch-Sperren; Umsiedlung, Vertreibung.

Also keine Importe mehr aus wasserarmen Regionen? Kaffee und Schokolade weglassen (1 kg Kakao = 27.000 l Wasser!)?

Meine Meinung: Es ist noch viel komplizierter: Bevor ich nachhaltig kaufen (oder verzichten) kann, müsste ich die genauen Herstellungsbedingungen des Produkts vor Ort kennen. Immerhin bedeutet der Export für viele Länder und Bevölkerungen eine wesentliche Stütze ihres Wohlstands, für die Landbevölkerung unverzichtbares Arbeitseinkommen. Ein Boykott von Waren mit hohem Wasserbedarf wäre kein Garant für eine bessere Versorgung der Bevölkerung mit Trinkwasser.

Von Hamburg aus kann ich aber weder beurteilen, woher das Wasser für „meine" Kaffee-Plantage kommt, noch, ob es alternative Arbeitsplätze für die Bevölkerung gäbe, noch, wem die Exporterlöse tatsächlich zugutekommen. Ich muss mich da auf anderes verlassen: auf Zertifikate wie das Bio- und das „Transfair"-Siegel oder – beim T-Shirt – auf Bio-Baumwoll-Labels. Doch ehrlich gesagt: Das ist nicht immer so einfach wie beim Kaffee. Ich versuche es weiter.

Geo-Engineering: Genial oder GAU?

Warum sich abmühen mit dem kleinteiligen Vermeiden und Vermindern der unzähligen CO_2-Emissionen, um die Erderwärmung zu begrenzen? Stoppen wir einfach die Erwärmung im Orbit, fangen wird das CO_2 auf der Erde ein, holen wir es aus der Atmosphäre zurück! Klotzen statt kleckern!

Das etwa ist - polemisch zugespitzt - die Grundidee des Geo-Engineering: Großtechnische Maßnahmen, die entweder den Strahlungshaushalt der Atmosphäre manipulieren oder das CO_2 langfristig binden. Der Vorteil: Eine Änderung unseres Wirtschaftens, unseres Konsums und Lebensstils könnte sich erübrigen, alles könnte irgendwie bleiben, wie es ist.

Das Naheliegende: die Bindung von CO_2:

Filter scheiden CO_2 an Kraftwerksschloten ab oder entziehen es der Umgebungsluft – Anteil 0,04%! Auch Biomasse in Wäldern, Plantagen und Ernteresten fängt CO_2 vorübergehend ein. Dauerhaft „wegsperren" aber lässt sich CO_2 nur in tiefen Meeres- oder Gesteinsschichten. In Island z.B. wird CO_2 in Basalt „versteinert" – CCS heißt das, carbon capture and storage.

Langfristig speichern lässt sich CO_2 auch in „Biokohle" – sauerstoffarm verbrannter Biomasse. Ebenso durch die chemischen Prozesse bei der Verwitterung. Vorschlag: zermahlenes Silikatgestein (Olivin) auf Äcker aufbringen.

Die Ozeane nehmen 50mal mehr CO_2 auf als die Atmosphäre. Das kann man fördern: durch Meeresdüngung mit

Phosphor, Stickstoff oder Eisen für das CO_2-bindende Phytoplankton (Minipflanzen). Oder durch Kalken der Meere mit Kalziummonoxid, das ebenfalls mehr CO_2 bindet. Sogar die Kalt- und Warmwasserströme („Pumpen") der Ozeane sind nicht tabu, um CO_2 zu binden – etwa durch Verstärkung des aufsteigenden, nährstoffreichen Tiefseewassers, das CO_2 aufnimmt und dann wieder abtaucht.

Anders als großflächige Aufforstung sind alle diese Ansätze nicht viel mehr als Forschungs-Projekte. Über Wirksamkeit, Kosten und vor allem ihre Folgewirkungen für die bestehenden Ökosysteme ist noch wenig bekannt.

Dies gilt noch mehr für Visionen, die Sonneneinstrahlung zu vermindern. Zwei Vorschläge: 1. Alle zwei Jahre mit 10.000 Flügen Schwefelverbindungen in die Stratosphäre bringen; 2. Große Spiegel / Scheiben, die das Sonnenlicht zurückwerfen, in die Erdumlaufbahn schießen.

Foto: Arek Socha auf Pixabay

Andererseits soll die Rückstrahlung der Erde, die „Albedo", intensiviert werden: durch weiße Dächer weltweit, durch genmanipulierte hellere Pflanzensorten, durch riesige Rückstrahlflächen auf Wüsten und Meeren und durch künstliche Wolken. Denn: Je stärker die Albedo, desto schwächer die Erderwärmung.

Meine Meinung: Nichts gegen Forschungsfreiheit und neue Ideen. Aber schon die Produktion und der Transport der Materialien in den dafür notwendigen riesigen Mengen erfordern erst einmal sehr viel Energie, würden die Erderwärmung mit zusätzlichem CO_2 antreiben.

Weniger ist mehr – und entschieden risikoärmer. Klimaschutz und Nachhaltigkeit müssen sicher sein. Großtechnische Eingriffe in Ozeane und Atmosphäre sind in ihrer Umweltwirkung gar nicht zu überschauen. Die Chemie von Tiefsee und Weltraum ist für die Wissenschaft noch ein großer weißer Fleck.

Nicht einmal die CO_2-arme Atomkraft und ihr Abfall erwiesen sich bisher als beherrschbar.

Seien wir ehrlich: Wir sollten die Ursache der Erwärmung – die CO_2-Emissionen - abstellen, nicht den Teufel mit Beelzebub austreiben.

Was schützt der Artenschutz?

Wirklich: Ich vermisse sie - die Maikäfer, Bläulinge, Spatzen, Rebhühner, Feldhasen. Früher sah ich sie häufiger und freute mich über sie.

Beginnt mit dem offensichtlichen Insektensterben – dem Anfang der tierischen Nahrungskette – der große Artenschwund? Wissenschaftler sagen, bei der Artenvielfalt seien die planetaren Grenzen längst überschritten.

Aber was heißt das? Kaum eine der inzwischen ausgestorbenen oder gefährdeten Arten habe ich jemals gesehen. Weder den Schierlings-Wasserfenchel, noch den Wachtelkönig. Würde ich die vermissen? Warum Artenschutz?

Geht es um Wildtiere und -pflanzen, die für den Menschen attraktiv oder nützlich sind? Orang-Utans unbedingt, Hyänen – muss nicht sein? Bienen und Schmetterlinge ja, Stechmücken und Zecken nein?

Sicher geht es um die Leistungen von Pflanzen und Tieren für Bodenfruchtbarkeit, Bestäubung, Abbau von Biomasse, als Samenverteiler und Gesundheitspolizei. Und es geht wohl auch um exotische Tiere und Großsäuger mit ihren Jungen, die wir in immer perfekteren Tierfilmen bewundern – Pandas, Wale, Elefanten und die ganze Serengeti.

Artenschutz also nach menschlichem Maß – d.h. „Anthropozentrismus"? Dazu gehört dann aber auch: Immer mehr Menschen auf der Erde – seit 1950 sind es dreimal so viele - verwandeln bisherige Lebensräume wilder Pflanzen und Tiere in Menschenland. Für Nahrung, Nutztiere, Siedlung, Verkehr, Tourismus.

Man kann nicht alles haben: eine hocheffiziente Landwirtschaft zur Ernährung und dichte Straßennetze zur Mobilität von immer mehr Menschen, und zugleich große, unberührte Lebensräume für alle Tier- und Pflanzenarten. Konflikte sind unvermeidlich: Fuchs, du hast die Gans gestohlen... und nun der geschützte Wolf.

In anderen Kontinenten ist es noch dramatischer: Urwald-Kahlschlag für Weideland in Brasilien, Elefanten attackieren Dörfer in Indien. Die Tierpopulation im Schutzgebiet Masai Mara, Kenia, geht im selben Maße zurück, wie die lokale Bevölkerung wächst.

Der Mensch macht sich die Erde untertan - das Anthropozän („Menschzeit"). Erdgeschichtlich eine kurze Spanne. Mutter Erde hat gerade Mensch, aber das geht vorbei, sie erholt sich wieder...

Artenschutz also doch eher aus Verantwortung für den gesamten Planeten - Natur als Selbstzweck, Gleichberechtigung aller Lebewesen – „Physiozentrismus"?

Meine Meinung: Bei allem Respekt vor der Natur – dem Anthropozentrismus entkommen wir nicht. Seien wir ehrlich: Es geht uns nicht um Natur um ihrer selbst willen. Auch „unberührte Natur" soll für uns da sein. Und Malariamücken, toxische Blaualgen und Giftschlangen sind nicht gleichberechtigt. Bei unseren Nutztieren zeigen wir, wie wenig Achtung wir vor der lebenden Kreatur haben.

Die Natur selbst kennt keinen Artenschutz. Lebensraum, Nahrungskette; Verdrängung, Klima, Katastrophen – das ist das Schicksal der Arten in „freier Wildbahn". Die Saurier hat nicht der Mensch ausgerottet.

Für mich ist Artenschutz die Selbstverständlichkeit, Tiere und Pflanzen nicht ohne „triftigen" Grund zu stören, zu schädigen, zu zerstören. Es ist der Respekt vor dem Leben. Und je mehr ich darüber weiß, desto größer wird er. Ich will Blühstreifen, weniger Pestizide, Auswilderungen… Und doch vertreibe ich Wespen, töte Stechmücken, vergräme Marder und nutze viel Lebensraum, z.B. auf Straßen.

Nr.47

Hält unsere Gesellschaft noch zusammen?

Unser Zusammenleben zeigt Bruchstellen: Mangel an Respekt, Gewaltbereitschaft, Missbrauch sozialer Medien, Verstöße gegen Infektionsschutz-Maßnahmen. Der Konsens über ein friedliches, gerechtes Miteinander bröckelt. Und das nicht nur in Deutschland.

Eine sozial nachhaltige, zukunftsfähige Gesellschaft braucht einen funktionierenden Rechtsstaat – Polizei, Justiz, eine gesetzestreue, korruptionsfreie Verwaltung. Und die Menschen müssen ihm vertrauen, von ihm überzeugt sein.

Für das Demonstrationsrecht, die Meinungs- und Pressefreiheit, den Gleichheitssatz gilt Ähnliches: Ihre Wahrnehmung muss objektiv gesichert sein, und die Menschen müssen dem gleichen Grundrechtsschutz für alle trauen.

Beides ist in Gefahr. Woher kommt das? Was muss für eine zukunftsfähige, nachhaltigere Gesellschaft getan werden? Ich weiß es nicht, habe nur eine Meinung:

Digitalisierung, Globalisierung, Klimakrise und Pandemie verändern unsere Gesellschaft in einem Tempo, das Angst machen kann. Die Welt wird immer komplizierter, undurchschaubarer. Nichts ist mehr sicher: Arbeitsplatz, Rente, sozialer Status, Beziehungen, vertraute Umgebung.

Nicht viel wert sind auch Ausbildung, Erfahrung, Wissen – lebenslanges Lernen ist angesagt. Dem Stolz, eine Aufgabe zu erfüllen, wichtig zu sein, kommt schnell die Basis abhanden. Und das gilt keineswegs nur für Braunkohle-Kumpel in der Lausitz.

In den Wirtschaftswunder-Jahren des letzten Jahrhunderts ging es grundsätzlich aufwärts. Fortschrittsglaube, Wachstum und Konsum einten die Gesellschaft. „Meine Kinder werden es einmal besser haben". Das ist vorbei. Heute ist Krise, Unsicherheit, Unübersichtlichkeit – trotz höheren Wohlstands, im Durchschnitt.

Bei großer Ungleichheit. Diese mag marktkonform sein, ist aber ungerecht. Einkommen und Vermögen von DAX-Vorständen oder Sport- und Kulturgrößen sind für Durchschnittsverdiener*innen nicht mehr nachvollziehbar.

Und dass eine Krise Reiche reicher und Arme ärmer macht, ist für das Vertrauen in Demokratie, Rechts- und Sozialstaat fatal. Ebenso wie die Abhängigkeit des Bildungs- und Berufserfolgs vom sozialen Status der Eltern. Selbst Ungleichheit aus klug genutzter Chancengleichheit muss „verhältnismäßig" bleiben.

Dies alles trifft bei den einzelnen Menschen auf eine unterschiedliche persönliche Innenausstattung - psychisch, emotional und geistig. Die einen fühlen sich positiv herausgefordert, motiviert, und die anderen überrumpelt und überfordert: Zuversicht oder Zukunftsangst. Das sucht sich niemand aus. Die Probleme sind da, Angst oder Mut auch.

Wen die Zukunft ängstigt und die Komplexität der Welt bedroht, der sucht vielleicht einfache Antworten, Glaubenssätze, eine Ideologie, die alles erklärt und sortiert. Die Ordnung gibt, Richtung, Sinn und Trost. Um Wahrheit und Fakten geht es dabei weniger, um Mitmenschlichkeit und Gerechtigkeit auch nicht. Das Ich, die eigene Identität fordert Rückenstärkung.

Foto: aus Video ZDF heute 29.8.2020

Verschwörungstheorien, Rassismus, Antisemitismus bieten einfache „Lösungen" für komplexe Probleme. Noch nie war die Suche nach solchen Lösungen und nach Gleichgesinnten so einfach wie heute. Im Netz.

Verbinden sich solche Überzeugungen mit dem Gefühl der eigenen Ohnmacht und gesellschaftlicher Ausgrenzung, sind Wut und Hass nahe. Auf die, die das Vertraute, die Sicherheit, die Zukunft bedrohen. Auf die Bestimmer, die Angstmacher. Einfache Lösungen fordern Opfer, Schuldige, Sündenböcke: Politiker, Fremde, Andersgläubige. Noch nie war es so einfach, Wut und Hass auf sie anonym herauszuschreien - auf Demonstrationen, in Liedtexten, in den sozialen Medien.

Und noch nie schlug dies in so viel Drohung und Gewalt um, in so viel Verletzung und Menschenverachtung.

Wie soll es weiter gehen? Ich fange hinten an:

Vertrauen in den Rechtsstaat gibt es nur, wenn Gewalt in jeder Form verhindert bzw. konsequent geahndet wird. Das gilt für alle Täter (ganz überwiegend Männer) – für ideologische Extremisten und Testosteron-gesteuerte Schläger ebenso wie für Frauenfeinde mit religiösem oder kulturellem Motiv. Auch für Polizisten, die das staatliche Gewaltmonopol missbrauchen.

Verbale Ausdrücke von Wut und Hass, die beleidigen, nötigen, verleumden, sind ebenfalls Straftaten. Auch sie müssten für die Täter Folgen haben. Müssten. Aber der Rechtsstaat ist hier zahnlos: Die sozialen Medien sind kaum zu fassen, Eingriffe bedrohen schnell die Meinungsfreiheit und das Zensurverbot. Polizei und Justiz sind personell und technisch total überfordert. Das Vertrauen in den Grundrechtsschutz der Opfer leidet erheblich.

Wir müssen früher ansetzen: Bereits radikalisierte Extremisten und Verschwörungstheoretiker sind schwer wieder zurückzuholen. „Früher" heißt: *vor* der fatalen Suche nach einfachen Antworten, schon beim täglichen Zusammenleben, beim persönlichen Umgang.

Meine Meinung: In Großstädten wie Hamburg haben sich die sozialen Milieus und Kreise seit langem auseinandergelebt. Man braucht sich nicht mehr. Die Quartiere sind reich, bürgerlich oder arm, aber selten gemischt. Der wohlhabende Westen und Norden Hamburgs steht dem armen Osten und Süden gegenüber.

Die Versuche, Flüchtlingsunterkünfte und sozialen Wohnungsbau in reiche Viertel zu integrieren, sind zu selten und treffen auf Widerstand. Die Marktpreise für Miet- und Eigentumswohnungen lassen normale Mobilität in „bessere" Stadtteile nicht mehr zu.

So fehlt die Gelegenheit des Kennenlernens, des Austauschs *zwischen* den sozialen Milieus. Früher bot dies einmal die allgemeine Wehrpflicht. Heute vielleicht noch der Fußball- oder ein anderer Verein. Parteien, leider auch Nichtregierungsorganisationen bieten diese Gelegenheit in aller Regel nicht.

Jede*r lebt in einer Blase. Bei den Jüngeren vermittelt durch Facebook, Instagram, Whatsapp und Co. Chatgroups und Foren Gleichgesinnter ersetzen oft die persönliche Auseinandersetzung mit Andersdenkenden. Zeitungen und Medien mit breitem Informationsangebot sind meist out bei den Jüngeren.

Bei den Älteren besteht die Blase aus dem „bewährten" jahrzehntealten Bekanntenkreis – oft nicht weniger geschlossen und gleichgesinnt. Hinzu kommt die eine seit Jahrzehnten abonnierte Zeitung. Gilt auch für mich.

Die „besseren Kreise" rümpfen die Nase über Pegida, AfD, online-Beleidigungen, Hass-Posts und Verschwörungstheoretiker. Ihr Überlegenheitsgefühl zeigt sich zuweilen auch in „ihrer" Presse. Diese lügt nicht – in der Regel. Aber natürlich wählt sie zwangsläufig Informationen aus, macht auch Meinung damit. Aber „die anderen" haben dort meist keine Stimme. Die haben inzwischen ihre eigenen Medien und Kulturen. Schon eine gespaltene Gesellschaft?

Die Bruchstellen unseres Zusammenlebens sollten zu „Aus- und Aufbruch-Stellen" werden: Ausbruch aus Abschottung und Sprachlosigkeit; Aufbruch zu Zusammenhalt trotz Unsicherheit und Meinungsunterschieden.

Lärm

In jedem Sommer das Gleiche: Auf meinem schnurrenden Rennrad genieße ich das Vogelgezwitscher im Knick an der Landstraße. Da stürmt von hinten eine immer lauter werdende Krachwolke heran. Auf meiner Höhe wird sie zum ohrenbetäubenden Tsunami aufdrehender Triebwerke. Ein, zwei, drei ... zehn schwere Motorräder jagen an mir vorbei. Geschockt, genervt, wütend bleibe ich zurück.

An beliebten Motorradstrecken erleiden das ganze Dörfer im Sommer mehrmals am Tag. Krach überall: Flughafen-Anlieger in Hamburg wachen um 6 Uhr auf: der erste Flieger des Tages. Den Nachbarn von Fernbahntrassen hat sich der Fahrplan in den Kopf gelärmt. Und 463.000 Hamburger*innen wohnen in Stadtteilen, in denen Straßenlärm die Lebensqualität stark einschränkt oder sogar krank macht.

Dennoch: Vorbeugung und Schutz vor Lärm sind „offiziell" keine Nachhaltigkeits-Themen. Die UN-Agenda 2030 mit ihren 17 Nachhaltigkeitszielen und 169 Unterzielen sagt zu Lärm kein Wort. Warum eigentlich nicht?

Zugegeben: Lärm ist lokal – die Nachhaltigkeitsthemen Luftqualität, Wohnen oder Abfall sind es aber auch. Lärm geht vorbei – als einzelne Lärmquelle, aber nicht als Lärmemission von Industriebetrieben oder im Verkehr.

Doch ein Ort, durch den dauernd die Schwerlaster dröhnen, ist nicht zukunftsfähig: Die Aufenthaltsqualität ist weiträumig gestört, die Grundstückswerte niedriger, der Stress der Anwohner*innen gefährdet die Gesundheit. Und wer

Lärm macht, hört ihn ja oft selbst kaum – im Auto, im Flugzeug.

Ist etwa jeder Lärm als Kollateralschaden des notwendigen Verkehrs hinzunehmen? Nein. Es gibt eine Umgebungslärm-Richtlinie der EU, die die Mitgliedsländer umsetzen müssen. In Hamburg fehlt seit 2 Jahren ein neuer Lärmaktionsplan: Tempo-30-Zonen, Wohnstraßen, LKW-Durchfahrtverbote, Flüsterasphalt, so etwas. Dringend wären leisere Fahrzeuge, also Maßnahmen an der Lärmquelle: Fahrräder, E-Autos, Motorendämmung. Aber auch Stadt- und Verkehrsplanung muss Lärmschutz sein. Gelungen, aber teuer: die Neugestaltung der A7 mit Tunneln und hohen Schutzwänden.

Die Diskussion um die Magistralen in Hamburg sollte sich ebenfalls besonders um den Schutz der Anwohner*innen drehen: An lauten Hauptstraßen wohnen meist Ärmere, die sich die ruhigeren Wohngebiete nicht leisten können. Lärmschutz ist Sozial- und Gesundheitspolitik.

Den Streit um Sport- und Kita-Lärm im Wohngebiet entschied das Hamburger Lärmschutzgesetz übrigens zugunsten dieser „selbstverständlichen Ausdrucksform" persönlicher Entfaltung. Gut so. Dieser Lärm ist menschlich.

Für „erheblich belästigende" Geräte gilt in Wohngebieten eine grundsätzliche Nacht- und Sonntagsruhe, aber keine Mittagspause. Der Senioren-Mittagsschlaf fällt auch in den „besseren Lagen" den motorisierten Garten-Konfektionierern, den Laubbläsern, Kantenschneidern und Benzin-Rasenmähern zum Opfer.

Meine Meinung: Lärmschutz ist ein Nachhaltigkeitsziel und sollte Stadt- wie Verkehrsplanung stärker mitbestimmen. Und wer Spaß hat am Lärmen - Draußen-Feiernde, Auto-

/Motorrad-Poser – muss Rücksicht lernen oder büßen. Besonders nachts geht die Gesundheit der Anwohner*innen vor!

Übrigens: In Peking oder Shanghai hört man keine Motorräder: Da fahren Zweiräder elektrisch. In Hamburg knattert, blubbert und dröhnt es - nicht immer, aber immer wieder.

Nr.49

Wind- und Solaranlagen: ein Leben nach dem Tod?

Windkraft und Photovoltaik (PV) – die Heilsbringer der Energiewende sorgen für emissionsfreien Strom. Beim Betrieb. Zur Wahrheit gehört aber auch, dass die Anlagen nicht ewig leben und viel Material in ihnen steckt.

Windenergieanlagen haben ein massives Fundament aus Beton und meist einen Turm aus Stahl - beides in energieintensiven Verfahren überwiegend fossil produziert. Gondel und Getriebe enthalten Kunststoffe und verschiedene Metalle. Die Rotoren sind aus glasfaser- oder karbonfaserverstärktem Kunststoff.

Photovoltaik-Module bestehen aus Aluminium, Glas, Kunststoff und Solarzellen aus Silizium (Grundstoff: Sand), Phosphor und Bor, z.T. Cadmium und Blei.

Windkraft- und Solaranlagen haben eine Lebensdauer von 20 bis 30 Jahren. Ende 2020 fallen ca. 6000 alte Windmühlen und 20 Jahre alte PV-Anlagen aus der EEG-Förderung, werden unwirtschaftlich. Viele werden durch größere ersetzt. Einige erfreuen sich einer Wiederauferstehung, z.B. in Afrika. Die anderen aber sind fachgerecht zu entsorgen.

Bei den PV-Modulen rechnet man ab 2020 mit bis zu 200.000 t Altmaterial pro Jahr – zunehmend. Es gilt das Elektro- und Elektronikgerätegesetz mit der Pflicht, das Material möglichst stofflich zu verwerten, zu recyceln.

PV-Module sind verwertungsfreundlich – vorausgesetzt, sie werden sorgfältig demontiert. Allein Glas und Metalle erreichen eine Recycle-Quote von 80% des ganzen Anlagenabfalls. Auch die Kunstoffe und selbst das giftige Blei und Cadmium aus den selteneren Dünnschichtsolarzellen sind wiederverwendbar.

Auch Windenergieanlagen müssen nach dem Kreislaufwirtschaftsgesetz fachgerecht zerlegt und die Einzelmaterialien verwertet werden.

Bemerkenswert ist ein Streit zwischen Behörden und Anlagenbetreibern: Muss das gesamte Betonfundament beseitigt werden, oder reicht es, es 1 m tief abzutragen – um Landwirtschaft zu ermöglichen? In Hamburg genügt das billigere Abtragen, in Kiel nicht.

Für die großen Abfallmengen an Beton (5,5 Mio. t pro Jahr ab 2021) und Stahl (1 Mio. t) einer Windkraftanlage gibt es bewährte Recycling-Verfahren. Vom Betonbruch für den Wegebau bis zur Schrottnutzung in Hochöfen. Eingespielt ist auch die Wiederverwendung der anderen Metalle - Kupfer, Aluminium und das Supermagnetmetall Neodym.

Foto: Hans Linde auf Pixabay

Probleme machen die Rotoren. Ab 2020 fallen jährlich über 40.000 t Rotormaterial an – Tendenz stark steigend. Der *glasfaser*verstärkte Kunststoff kann nicht stofflich verwertet werden. Er wird z.B. in Zementwerken als Ersatzbrennstoff eingesetzt – „energetisch verwertet". Die Rohstoffe sind damit verloren.

Der *karbonfaser*verstärkte Kunststoff von Rotoren darf dagegen noch nicht einmal verbrannt werden. Das Umweltbundesamt will die Fasern rückgewinnen; ein Verfahren dafür hat sich jedoch noch nicht durchgesetzt.

Meine Meinung: Ökostrom ist nur dann wirklich einer, wenn auch die graue Energie in den Materialien der Anlagen regenerativ, erneuerbar erzeugt wird und die Rohstoffe im Kreislauf geführt, also nach dem Lebensende der Anlage stofflich verwertet werden. Mit dem notwendigen Wachstum der Wind- und Solarenergie darf nicht zugleich unverwertbarer Abfall mitwachsen. Das Recycling-Gebot hätte schon beim Design der Rotorblätter stärker berücksichtigt werden müssen. Das sollte nun dringend nachgeholt werden.

Nr.50

Nachhaltigkeit ins Grundgesetz

Vorab: Was schwarz auf weiß im Grundgesetz steht, ist Anspruch, Norm, nicht Realität. Und wenn die Verfassung mehrere Staatsziele beschreibt, muss unter ihnen abgewogen werden. Das Staatsziel „nachhaltige Entwicklung" oder „Nachhaltigkeit" steht noch nicht im Grundgesetz. Sollte es aber:

Unsere Verfassung gibt Grundrechte und die Staatsorganisation vor, aber kein Wirtschaftssystem. Da bleibt sie neutral. Seit 1967 fordert jedoch das Stabilitätsgesetz von der (westdeutschen) Wirtschaftspolitik ein „angemessenes Wirtschaftswachstum" – ohne Bindung an Umwelt-, Klima- und Ressourcenschutz.

Dann trat Ostdeutschland dem Grundgesetz der Bundesrepublik bei – zu einer neuen gemeinsamen Verfassung kam es ja nicht. Zwei Jahre später, 1992, unterzeichnete die Bundesregierung die „Agenda 21" der UNO-Konferenz für Umwelt und Entwicklung in Rio. Die ist gleichsam die Geburtsurkunde für eine global „nachhaltige Entwicklung". 1994 kam daraufhin der Umweltschutz als neues Staatsziel ins Grundgesetz (Art.20a). 2002 beschloss die Bundesregierung eine „Nachhaltigkeitsstrategie für Deutschland", und Art.20a wurde geändert in: *„Der Staat schützt auch in Verantwortung für die künftigen Generationen die natürlichen Lebensgrundlagen und die Tiere ..."*.

Dies war ein Schritt in die richtige Richtung, aber nur halbherzig, und ohne den Schlüsselbegriff. Denn erst das umfassende Prinzip der Nachhaltigkeit fordert die Ausbalancierung von wirtschaftlichen, ökologischen und sozialen Belangen innerhalb der „planetaren Grenzen". Es fordert auch beim Wirtschaften die Einhaltung des Arten-, Klima- und Ressourcenschutzes und globale Gerechtigkeit.

2015 unterschrieb Deutschland das Klima-Abkommen in Paris, aber auch die „Agenda 2030" der UNO mit ihren 17 Nachhaltigkeitszielen und 169 Unterzielen. Die berühmten „Kacheln" der Nachhaltigkeitsziele:

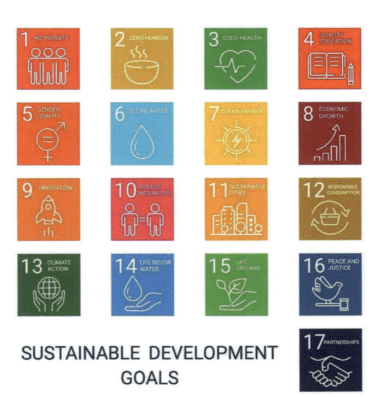

Vor allem Nichtregierungsorganisationen drängen seitdem auf Umsetzung und Kontroll-Mechanismen. Beim ersten

Agenda-2030-Gipfel der UNO im September 2019 zeigte sich, wie weit die Welt noch von den angestrebten Zielen entfernt ist. In Deutschland verfehlen vor allem der ökologische Fußabdruck - Ressourcenverbrauch und CO_2-Ausstoß -, aber auch die Ungleichheit in der Gesellschaft die UN-Nachhaltigkeitsziele.

Ein neues Staatsziel „Nachhaltigkeit" im Grundgesetz würde den Druck auf Einlösung der Versprechen erhöhen. Vom Anspruch zur Realität. Es würde Gesetzgebung und Verwaltung stärker an der wissenschaftlichen Nachhaltigkeitsdiskussion ausrichten. Die Rechtsprechung erhielte einen neuen Maßstab z.B. für Klagen um Klimaschäden.

Schon die parlamentarische Debatte um die Einführung eines Staatsziels „Nachhaltigkeit" müsste die globale Fachdiskussion sowie die internationale „Beschlusslage" ernster nehmen. Und sie würde viel Raum und Stoff bieten für die notwendige Werte-Debatte: Während in vielen Ländern der Welt Armut, Bildung, Gesundheit, Demokratie die großen Nachhaltigkeitsprobleme bilden, muss die Diskussion in Deutschland um das einseitig wachstumsorientierte Wirtschafts- und Gesellschaftsmodell gehen. Dieses ignoriert planetare Grenzen und wird den nicht-materiellen Bedürfnissen vieler Bürgerinnen und Bürger oft nicht gerecht.

Nr.51

Kreislaufwirtschaft - Abfall ade?

Deutschland nutzt jährlich 1,3 Mrd. Tonnen Rohstoffe, 16 t pro Kopf (2014). Je zur Hälfte für Konsum und Investitionen. 58% davon werden eingeführt. Hinzu kommen noch einmal so viele Rohstoffe für die Exportwirtschaft. Das ist netto! Die Verwendung von recyceltem Glas, Metall, Papier und Sand ist bereits abgezogen.

Kreislaufwirtschaft? So richtig? Eine verwegene Idee: Jedes Produkt entstünde ausschließlich durch altes, schon einmal irgendwo genutztes Material und/oder nachwachsende Stoffe. Keine Kohle, Metalle, Erze, Öl aus Bergwerken, Tagebauen, Bohrlöchern. Kein Abfall, keine Müllverbrennung. Als Energie nur unerschöpfliche Sonnenenergie. Absurd?

Genau so „arbeitet" die Natur: Abfall ist ihr fremd. Neues entsteht aus Altem. Ein ständiges Werden und Vergehen, ohne Überreste. Nur mit natürlichen Stoffen und Prozessen.

„Wiege zu Wiege" (cradle to cradle, c2c) heißt die Organisation und die Idee, diese natürlichen Kreisläufe auch in der Wirtschaft konsequent umzusetzen: Rohstoffe aus der Biosphäre (Biomasse) werden kompostiert und verbleiben in der Biosphäre. Rohstoffe aus der Techniksphäre (Metalle, seltene Erden, Mineralien, Kunststoffe) werden nach der Produktnutzung sortenrein, giftfrei und vollständig in der Techniksphäre wieder verwendet. Kein Abfall. Nach diesem Prinzip wurden bereits Textilien, Bücher, Spülmittel, Waschmaschinen und anderes c2c-zertifiziert. Toll, aber doch nur eine winzige Nische in der unübersehbaren industriellen Warenwelt.

Der Mensch versucht eher, sich aus der Natur auszuklinken. Er hadert mit Maß und Begrenzung natürlichen Wachstums und natürlicher Kreisläufe. Er sucht den Fortschritt, ein von der Natur abgekoppeltes ewiges Wirtschaftswachstum. Über planetare Grenzen hinweg.

Und das Kreislaufwirtschaftsgesetz von 2012? Was großspurig so heißt, hat mit Kreisläufen wenig zu tun. Es ist ein Abfallbehandlungs-, kein Abfallverhinderungsgesetz. Trotz seiner richtigen Hierarchie: vermeiden – wiederverwenden – stofflich verwerten (recyceln) – energetisch verwerten (verbrennen) – beseitigen (deponieren).

Auch das Kreislaufwirtschaftspaket der EU von 2015 vertritt diese Hierarchie, fordert z.B. eine Recyclingquote für Siedlungsabfälle von 65% ab 2035 und ein Verbot nicht recyclefähiger Kunststoffverpackungen ab 2030.

Deutschland wie EU orientieren sich aber am Output, dem Abfall. Es fehlen durchsetzbare Normen, wie Abfall *vermieden* und Rohstoff eingespart wird (Input-Orientierung). Dafür müsste der Gesetzgeber den Einsatz neuer, nicht nachwachsender Primärrohstoffe weitgehend verbieten. Und stattdessen für jedes Produkt den Einsatz von Rezyklaten („Sekundärrohstoffen") vorschreiben.

Das wäre ein enges Korsett für den Rohstoffeinsatz - hinsichtlich Menge, Reinheit, Kombinationsmöglichkeit und Wiedergewinnung nach der Nutzungsphase. Nötig wäre zudem ein gigantisches System zur Produktzerlegung, Sammlung, Logistik und Wiedernutzung der Rohstoffe in neuen Produkten. Und dazu sehr, sehr viel Energie aus Wind, Sonne, Biomasse.

Meine Meinung: „Kreislaufwirtschaft" – schön wär's! Ein großes Wort, aber Illusion. Auch nur wirkliche Fortschritte dorthin wären nur möglich auf einem viel niedrigeren Konsum- und Produktionsniveau – mit Suffizienz also. Und mit viel höherer Ressourceneffizienz. Neben robusten Ge- und Verboten. Aber richtig nachhaltig wäre es!

Wendezeit-Pioniere

Man kann über die Energie-, Agrar-, Verkehrs- usw. -wende schreiben. Und man kann handeln – privat, als Staat, als Unternehmen. Zum Ende der Kolumne ein Blick auf 6 Hamburger Wendezeit-Pioniere. Stellvertretend für viele andere. Mit Hochachtung und Respekt.

1. Umsonstladen Altona

Seit über 15 Jahren gibt es in Altona einen der über 50 Umsonstläden in Deutschland. Ein ehrenamtliches Team bietet dort kostenlos und ohne Tauschzwang gebrauchte Kleidung, Haushaltsgegenstände, Bücher und anderes an. Sach- oder Geldspenden sind freiwillig. Über 300 Menschen nutzen dies pro Woche. Dazu gibt es ein Kleinmöbellager und ein Repair-Café für defekte Kleingeräte. Das Konzept: marktkritisch, „nicht karitativ".

2. Stückgut – unverpackt einkaufen

Der Name ist Programm bei Stückgut in Ottensen: Hochwertige Nahrung, Putz-, Wasch- und Pflegemittel - oft bio oder fair gehandelt – warten appetitlich in großen Glasbehältern. Die Umverpackungen der Lieferanten sieht man nicht. Dosen, Schachteln, Gläser, Netze für den Transport nachhause müssen die Kund*innen selbst mitbringen. Ergebnis: Kein (Verkaufs-)Verpackungsmüll: Seit 2017 wurden auf diese Weise 6.724 gelbe Säcke gespart. 8 Unverpackt-Läden gibt es in Hamburg.

3. Solidarische Landwirtschaft (Solawi)

Die Idee: Verbraucher*innen kennen die Erzeuger*innen ihrer Lebensmittel, finanzieren die Ernte im Voraus und nehmen sie später ab. Im Solawi-Betrieb Vierlande werden 130 „Ernteanteile" (= Mitglieder) für je 99 € / Monat vergeben. In Deutschland gibt es zurzeit 11 Solawi-Genossenschaften mit 4000 „Ernteanteilen". Gemeinsam berät man über Anbauarten und -formen, Tierhaltung. Die Mitarbeiter*innen sind unabhängig von Marktkonkurrenz und Selbstausbeutung.

4. Goldschmuck öko und fair

Thomas Becker ist Goldschmied im Hamburger Grindelviertel / Rotherbaum. Er verarbeitet recyceltes oder „ecofair" gewonnenes und gehandeltes Gold - seit 2017 fast ausschließlich. In einem eigenen Dorfprojekt im Kongo wird – amtlich zertifiziert – naturbelassenes Waschgold ohne Zwangs- oder Kinderarbeit, ohne schädliche Chemikalien gewonnen. „Nachhaltig" ist für die Goldschmiede Geschäftsmodell und Werbung.

5. Energiebunker Hamburg-Wilhelmsburg

Die Internationale Bauausstellung machte aus einem innen zerstörten Flakbunker eine Zentrale für erneuerbare Energien: Seit 2013 versorgt sie 1.700 Wilhelmsburger Haushalte mit Wärme und speist Ökostrom ins Netz. Kern ist ein riesiger Wärmespeicher von 2 Mio. Liter im Bunker-Inneren. Aufgeheizt durch ein Biomethan-Blockheizkraftwerk mit Kraft-Wärme-Kopplung, einer Holzfeuerungsanlage, 1350 m² Solarthermie und Abwärme von einem benachbarten Betrieb.

Eingespart werden 6600 t CO_2 pro Jahr. Das I-Tüpfelchen: ein Café in 30m Höhe mit herrlicher Aussicht.

Foto: Bernadette Grimmenstein / IBA Hamburg GmbH

6. Power-to-Aluminium

Im Rahmen des Großprojekts NEW 4.0 (Norddt. Energiewende) erprobt Hamburgs große Aluminiumhütte Trimet, wie die Energiezufuhr zur Aluminium-Elektrolyse „flexibilisiert" werden kann. Ziel: Nutzung von unregelmäßigem Wind- und Sonnenstrom. Durch eine gezielte Wärmeabfuhr bzw. Isolation der Elektrolysezellen mit speziellen Tauschern und Speichern kann die Wärmeführung gesteuert werden. Die Aluminiumherstellung ist so weniger auf eine strikt gleichbleibende Stromzufuhr angewiesen.

Sechs hoffnungsvolle Projekte, die eingebettet werden sollten in eine ehrgeizige und kontrollierte Hamburger Nachhaltigkeitsstrategie!

Stichwortverzeichnis

Abfall 54, 157, 163, 166
Agenda 2030 .... 96, 100, 155, 161
Agrarpolitik, -wende 15, 48, 110
Airbnb 94
Albedo 144
Anthropozentrismus 146
Artenschutz 79, 146
Aufforstung 18, 79, 138, 144

Beton 12, 45, 157
Billigflaggen 134
Bioethanol 75
Biogas 75
Biokapazität 70
Biokraftstoffe 27, 76
Biomasse 27, 75, 90, 143
Blockchain 88
Blockheizkraftwerke 75, 90, 107, 123, 167
Brennstoffzelle 107, 115, 123

CCS (carbon capture and storage) 143
CDM (clean development mechanism) 138
CO_2-Emissionen 12, 5, 18, 22, 51, 57, 63, 113, 126, 139, 143

CO_2-Budget	9
CO_2-Senken	18, 46, 143
Corona-Pandemie	89, 96, 110, 116, 120, 125, 140
Cradle to cradle	163
Demokratie	10, 32, 44, 100, 150, 162
Desinvestition	117
Digitalisierung	87, 98, 125
EEG	28, 90, 157
Effizienz	22, 36
Elektrolyse	109, 123, 168
Emissionshandel	131
Energiebilanz eines Landes	63
Energieeinsparverordnung	12
Energiewende	27, 122, 157
Erderwärmung	9, 63, 128, 143
Ernährung	15, 40, 110, 141
Erneuerbare Energie	9, 27, 75, 122, 159, 167
Erneuerbare Wärme	27, 75, 108, 123
Europäische Union	48, 164
Fairer Handel, Transfair	17, 83, 134
Finanzpolitik	72, 125
Fleisch	15, 110, 126, 141
Fliegen, Luftverkehr	17, 30, 128, 132

Freiwilligkeit 84

Fridays for Future 31, 67

5G-Mobilfunk 87

Geburtenrate 101

Geldanlagen 116

Gelber Sack, gelbe Tonne 54

Gemüse 15

Generalfaktor Strom 63

Generationengerechtigkeit 22, 67, 72, 119, 127

Genügsamkeit   > Suffizienz 21, 73

Geo-Engineering 143

Gerechtigkeit 22, 29, 53, 150

Globaler Hektar 69

Glück 52

Graue Energie 12, 159

Greta Thunberg 9, 51

Grundwasser 76, 111

Holz 19, 24, 77

Klimaneutralität 137

Klimawandel, Klimakrise 9, 30, 51, 57, 79, 99

Kompensation 30, 130, 137

Konsum 21, 49, 53, 69, 94, 104, 125

Kreislaufwirtschaft 22, 159, 163

Kreuzfahrten 30, 68, 128
Kunststoff 54, 157, 164

Lärm 154
Lastenfahrräder 61, 114
Lebensmittel 15, 49, 66, 110
Lebensstil 21, 52, 56, 66, 69, 84, 143
Lieferkettengesetz 83, 136
Logistik 15, 46, 60

Methan 46, 65, 76, 111, 123,
Mode 21, 104
Moore 45
Mülltrennung 24, 54, 163
Müllvermeidung 54, 94, 106, 163

Nachhaltigkeit 20, 30, 66, 72, 93, 96, 119, 160, 167
Nachhaltigkeits-Indikatoren 119
Nachhaltigkeitsprojekte 124, 130, 137, 166
Nachhaltigkeitsverordnung 76
Nachhaltigkeitsstrategie 120, 160, 168
Nachhaltigkeitsziele der UN (Agenda 2030) . 40, 96, 129, 155, 161

Obsoleszenz 104
Obst 15

173

Öffentlicher Nahverkehr 114, 127
Ökologischer Fußabdruck 22, 69, 102, 161
Öko-Siegel (Bio-Siegel) 17, 24
Öko-sozial 42, 96
Öko-Strom 27, 75, 90, 109, 122, 167
Online-Käufe 21, 25, 60, 104

Paketdienste 60
Papier 24
Photovoltaik 27, 90, 122, 157
Planetare Grenzen 44, 101, 133, 146, 161
Plastik (>Kunststoff) 40, 54

Quellenbilanz 64

Rebound-Effekt 36
Rechtsstaat 149
Recycling 24, 47, 54, 157, 163, 167
Reparaturen (Repair-Cafés) 95, 106, 166
Resilienz 78, 97
Ressourcenschutz 14, 22, 38, 56, 88, 93, 104, 163

Sand 45
Schwarze Null 72
Schulden, öffentliche 72

Schuldenbremse 72
SDG (sustainable development goals) > Agenda 2030 161
Seeverkehr 16, 108, 134
Sektorkopplung 122
Senioren 33, 40, 68, 114
Share economy 93, 115
Siegel > Zertifikate 17, 83, 91
Smartphone 12, 26, 37, 89, 94, 104
Solidarische Landwirtschaft 50, 95, 167
Soziale Nachhaltigkeit 40, 42, 98, 149
Stahl (-industrie) 13, 107, 132, 157
Stromnetz 28, 90, 122
Suffizienz 21, 165
SUV 21, 30, 66, 126

Tierschutz 50, 111, 148, 160
Torf 45
Tourismus 68, 97, 128
Transformation .... Vorwort, 79, 96
Transport   >Logistik 16, 114, 134

Ungleichheit 10, 99, 150, 162

Vergleich der Länder 27, 58, 70, 101
Verkehrswende 27, 73, 107, 113, 123

175

Verpackungen 55, 164, 166
Verursacherbilanz 64
Virtuelles Wasser 140
Vorketten 65
Vorsorge (s.a. Resilienz) 73, 79

Wachstum 11, 22, 38, 51, 87, 94, 97, 160, 164
Wald, Waldbrand > Aufforstung 18
Wasser, -Verbrauch 140
Wasserstoff 27, 107, 115, 125
Weihnachten 39
Weltbevölkerung 51, 101, 146
Welthandel 16, 45, 53, 55, 57, 81, 109, 110, 131, 134, 141
Windkraft 27, 122, 157
Wohnfläche 33
Wohnungspolitik 34, 79, 152

Zeitung, online 25
Zement 14, 132, 159
Zertifikate (>Siegel) 24, 91, 130, 131, 138, 142, 164
Zukunftsangst 150
Zukunftsinvestitionen 72